施工企业营运资金管理及绩效评价研究

张国智 宋丽芳 著

吉林人民出版社

图书在版编目（CIP）数据

施工企业营运资金管理及绩效评价研究 / 张国智，宋丽芳著 . -- 长春：吉林人民出版社，2021.7
ISBN 978-7-206-18339-3

Ⅰ . ①施… Ⅱ . ①张… ②宋… Ⅲ . ①施工企业—资金管理—研究②施工企业—企业绩效—经济评价—研究 Ⅳ . ① F407.9

中国版本图书馆 CIP 数据核字（2021）第 150145 号

责任编辑：郭雪飞
封面设计：皓　月

施工企业营运资金管理及绩效评价研究
SHIGONG QIYE YINGYUN ZIJIN GUANLI JI JIXIAO PINGJIA YANJIU

著　　者：张国智　宋丽芳	
出版发行：吉林人民出版社（长春市人民大街 7548 号　邮政编码：130022）	
印　　刷：三河市嵩川印刷有限公司	
开　　本：787mm×1092mm　　　　1/16	
印　　张：13.75	字　　数：215 千字
标准书号：ISBN 978-7-206-18339-3	
版　　次：2021 年 7 月第 1 版	印　　次：2022 年 3 月第 1 次印刷
定　　价：58.00 元	

如发现印装质量问题，影响阅读，请与印刷厂联系调换。

前言

近年来，中国建筑业总产值增长速度很快，对国内生产总值起到了极大的拉动作用，成为拉动国民经济快速增长的重要力量之一。

对现代企业而言，加强财务管理对于企业具有十分重要的意义，财务管理工作主要围绕资金管理展开，而资金管理中营运资金又占据着举足轻重的位置，犹如血液之于人体，为企业的生存发展提供持续不断的支持。具体而言，企业在经营过程中用于周转的那部分资金就是营运资金，其贯穿于日常业务之中并被广泛使用，几乎涉及企业经营的方方面面，比如生产、销售、采购、入库等各个环节，所以企业既要兼顾营运资金的使用效率更要注重对其进行管理。如果不能提高营运资金的使用效率，将难以保证企业的正常运转，企业的持续经营将失去依赖。如何加强对营运资金的管理将直接关系到企业能否正常经营运转和创造效益的多少，换言之，营运资金的管理工作是一个企业成败关键之所在。

改革开放后，市场经济占据了主导位置，我国的建筑业逐渐进入快速发展时期，越来越多的建筑企业开始逐渐地发展起来。进入到 21 世纪，随着城镇化进程的不断加快和各项惠民工程的开工，建筑业开始进入到了发展的"黄金时期"，此时的市场局面已经发生了非常大的变化，形成了国有企业、私有企业、股份制企业一起存在的新局面，建筑企业间的争夺已经不再单单局限于某个区域、某个国家，争夺的程度不断增强。面对这样一个挑战与机遇并存的时代，各个建筑公司之间激烈的争夺带来的结果是一些企业逐渐发展起来，一些公司逐渐倒闭或被吞并。对于建筑公司来说，改革开放四十多年来，建筑行业总产值一直延续着高速增长。然而，中国建筑业在高增长的同时，产值利润率却较低。营运资金是企业在进行生产经营过程中周转使用的流动性资源。营运资金管理在企业财务管理中占据重要地位，是企业赖以生存的基本条件，是企业寻求不断发展的基石，很大程度上是决定企业成败的重要因素。为充分发挥建筑业在国民经济中的重要作用，必须对相关施工企业单位进行有效的管理。而企业管理的中心是资金管理，营运资金又是企业资金总体中最具有活力的要素，是企业维持正常生产经营活动的物质条件。营运资金管理水平不仅直接影响企业资金的流动性和收益性，还对企业的生存和发展起着决定性的作用。由此可见，提高建筑施工企业营运资金管理的必要性，而如何使其提升营运资金管理水平、降低营运资金持有成本、合理控制运营风险、创造最大企业效益、保证企业的生存与发展成为急需解决的新课题。营运资金作为公司生产经营维持的财力支持，在公司所有资金里面流动性最强，由流动资产与流动负债两部分构成，在经营状况的财务报表中主要表现在上面部分，并且和利润表、现金流量表等报表有着千丝万缕联系，贯穿于企业经营全过程。营运资金管理是对公司资金进行管控的前提，不仅对于公司一定阶段的资金获利能力具有很深的作用，而且可以被运用于考核公司风险。因此，公司应该加强营运资金管理，进而推动企业生产经营活动的不断发展，降低企业财务风险和经营风险，提升资金的效益水平，增强企业在竞争中的优势。

相对于国外而言，国内的营运资金管理能力比较低，有一定的不足与问题，比如结构不合理、管理方法不科学、资金使用低效等，因此仍需要加强这方面的研究，为公司的营运资金管理给予一定理论前提与对策。

本书选择建筑施工企业中比较有代表性施工企业作为研究样本，通过分析其在营运资金管理的相关资料，归纳分析其在营运资金管理及其绩效评价方面的现状与问题，并提出一些具体、可行的优化建议措施。本书选题的意义概括为以下三个方面：

1. 营运资金的日常管理可以平衡企业现金流动。企业的非现金性流动资产一旦转化为现金，就会形成企业的现金流入，而公司偿还流动负债需要支付现金，形成了公司的现金流出。只有企业的营运资金处于相对均衡状态时，才不会出现现金不足而导致短期偿付困难，或者因现金过剩而使公司的资产获利能力下降的现象。因此，通过对营运资金进行合理高效的管理，实现营运资金的均衡状态，可以更好地促进企业平稳发展。

2. 维持适当的营运资金水平可以保障企业生产经营活动的正常进行。由于营运资金流动性较强、数量波动较大，所以维持适当的营运资金水平、保证营运资金的安全性不仅可以使企业资金的日常收付实现良性循环，还可以及时有效地防范资金风险。

3. 企业可以通过加强营运资金管理来降低企业资金风险。一般情况下，企业净营运资金越多，财务风险越小，即发生短期偿债困难的可能性越低，举债融资能力越强。因此，企业营运资金的有效管理会使企业短期偿债能力有所保障、经营风险保持较低水平。通过权衡营运资金的安全性与流动性，一方面可保证企业营运资金的安全性，一方面可加快企业营运资金的周转速度，有效地降低和防范随时可能发生的资金风险，由此来提升企业的竞争实力，确保企业长远而稳健的发展。

目 录
CONTENTS

第一章　施工企业营运资金管理及绩效评价概念与理论 …………… 001
 第一节　行业发展与施工企业经营环境 …………………………… 001
 第二节　核心概念 …………………………………………………… 004
 第三节　营运资金管理理论 ………………………………………… 021
 第四节　营运资金管理绩效评价理论 ……………………………… 035
 第五节　供应链管理理论 …………………………………………… 042
 第六节　资产管理与企业价值理论 ………………………………… 050

第二章　施工企业资金管理与绩效评价典型案例分析 1——A 公司 …… 053
 第一节　案例背景 …………………………………………………… 053
 第二节　A 公司基本情况 …………………………………………… 056
 第三节　A 施工企业营运资金构成现状 …………………………… 056
 第四节　A 施工企业营运资金管理办法 …………………………… 058
 第五节　A 施工企业营运资金管理存在的问题及成因 …………… 060
 第六节　A 施工企业优化营运资金管理的建议 …………………… 068

第三章　施工企业资金管理与绩效评价的典型案例分析 2——B 公司 … 091
 第一节　案例背景 …………………………………………………… 091
 第二节　B 公司营运资金管理的现状与问题 ……………………… 093
 第三节　影响 B 公司营运资金管理绩效的原因分析 ……………… 099
 第四节　提升 B 公司营运资金管理绩效的优化对策 ……………… 103

第四章　施工企业资金管理与绩效评价的典型案例分析 3——C 公司 … 118
第一节　案例背景 … 118
第二节　C 公司行业特征分析 … 119
第三节　C 公司基本情况 … 121
第四节　C 公司营运资金管理存在的问题 … 122
第五节　C 公司营运资金管理问题成因分析 … 125
第六节　公司营运资金管理问题的原因分析 … 129
第七节　强化营运资金管理的具体措施 … 133
第八节　供应链管理视角下营运资金管理优化策略与保障措施 … 140

第五章　施工企业资金管理与绩效评价的典型案例分析 4——D 公司 … 156
第一节　案例背景 … 156
第二节　企业基本情况 … 157
第三节　D 公司营运资金管理现状分析 … 158
第三节　D 公司营运资金绩效评价体系建立 … 170
第四节　措施与建议 … 182

第六章　结　论 … 197

参考文献 … 199

第一章　施工企业营运资金管理及绩效评价概念与理论

第一节　行业发展与施工企业经营环境

一、行业环境

进入 21 世纪以来，我国经济发展已经逐渐进入了"新动力、中高速、多挑战、优结构"的新常态，建筑业现已发展成熟稳定，发展趋势呈放缓式的中速增长。近年来，国家大力推行供给侧改革，严禁新增产能淘汰落后产能，错峰生产等一系列指导意见的出台，旨在调整产业结构和保持国民经济的增长速度。建筑行业作为国民经济的支柱性产业，必须跟随国民经济"新常态"的步伐，加快深化改革的进程，加强工程质量整治的力度，才能持续稳步地发展。

建筑业作为我国国民经济的重要支柱产业之一，为国家的经济建设做出了巨大贡献。从 20 世纪 80 年代到 21 世纪初建筑业迎来了其黄金发展时期，极大地促进了 GDP 的增长。整个建筑市场呈现不断扩大的趋势，这期间为我国经济的快速增长注入了强大的动力。

建筑业在发展过程中存在着亟待解决的问题，加强建筑企业的管理对我国经济的发展产生深远的影响。建筑行业属于一个资金密集型行业，需要大量地注入资金从而推动各个工程项目的开展，然而就目前而言资金的周转是一个较大的问题，所以为了防止资金链断裂进而妨碍工程进展的局面的出现，亟需建筑企业加强对资金的管理。

建筑市场由于准入门槛低，日渐形成了建筑市场的买方市场局面。由此决定了建筑施工企业与投资单位签订施工承包合同和经营管理活动中的被动性和不公平特征。例如，投资方一般要求采取总包价的方式一次定价，而对施工过程中出现材料等价格增长的情况施工单位却不能调整；投资方要求施工单位进行巨额垫资，即使按照进度支付工程进度款，一般也要以各种借口推迟付款或支付部分等。诸多霸王条款，尤其是要求施工单位垫资的行业现状，使得建筑施工企业必须加强对营运资金的统筹管理，以满足正常生产经营需要。我国建筑施工领域工程款拖欠现象严重，建筑施工企业应收账款数额巨大，虽有国家政策对此强制清欠，但应收账款总额还是有增无减。拖欠工程款现象已严重束缚施工企业的正常发展。

施工企业对资金监管不严。在很多施工项目，建设单位为防止施工单位将建设资金另作他用，通常采用与施工单位、银行签订三方监管协议的方式，建设单位所拨工程款必须留在协议银行账户，不得擅自调拨使用。对工程资金的监管，使得建筑施工企业集团具有大量资金存量，资金使用率和周转率较低。

营运资金对于企业持续健康发展有着至关重要的作用，对营运资金进行科学有效的管理，可以使企业在激烈的市场竞争中占有一席之地，也会使企业持续健康地发展。我国目前的大多数企业在营运资金的管理方面，仍采用传统式单一项目的管理模式，其管理没能与企业的具体业务流程相结合，存在着一定的局限性。建筑业是一个具有生产周期长、会计核算跨度大、工程项目所在地域分布广、对外部融资需求大等特点的资金密集型行业。冗余存货占用大量资金、为抢占市场份额多采取垫资施工方式营销导致企业账面上的大量应收账款，这些经营行为均降低了资金的流动效率，必然会影响到建筑企业的经营效率。受到我国建筑施工企业普遍的粗放式管理影响，建筑业的产值利润率水平一直不容乐观。2008年以前，由于国家城镇化的快速推动以及"4万亿投资"的政策拉动影响下，建筑行业的总体需求量激增，大多数建筑企业在此期间得到高速发展。自2011年起，行业总体需求减少，建筑业开始步入"过剩期"。2015年11月10日，"供给侧"改革开始推行，指明调整过剩产能需通过改变我国建筑施工企业以往粗放型的增长模式来实现，必须重视企业经营模式的结构化升级，将提高财务管理工作放在企业经营改革的重要位置当中。融资难、融资贵是投资规模大的建筑施工企业一直面临的巨大困难，改善企业营运资金管理状况，提高行业领域供应链的资金流转水平迫在眉睫。在当前激烈竞争的国内与国际市场环境下，建筑施工企业若想在"激流"中勇进，公司自身的管理问题不容忽视。建筑企业必须将营运资金的管理高度重视起来，从事后管理向事前、事中管理转变，从严控制企业经营的关键节点，系统、全面监控建筑施工企业内部营运资金的流转，降低营运资金风险，推进建筑施工企业的持久发展。

二、经济投资环境分析

随着中国经济的快速发展和建筑行业的快速增长，建筑施工企业日益增多，行业间的竞争日趋激烈。施工企业管理水平并没有随着经济的高速发展而同步提高，因此伴随着行业的快速发展，施工企业的利润率却一直处于较低水平。而营运资金管理水平的高低对企业利润的影响较大，施工企业提高营运资金管理水平成为提高企业利润及其竞争力的有力途径。

三、国家法律环境分析

改革开放以来，随着我国法治建设的进程，构建中国建筑行业的相关法律制度已取得了丰硕的成果，初步建立了以《中华人民共和国建筑法》《中华人民共和国招标投标法》《中华人民共和国合同法》及《中华人民共和国建设工程勘察设计管理条例》《中华人民共和国建设工程质量管理条例》《中华人民共和国建设工程安全管理条例》等法律、法规为主体，以大量部门规章为辅助和补充的建筑法律规范体系，在施工市场的规范和指导上扮演着越来越重要的作用，促进建筑业高效、有序发展。在招标投标领域，以《招标投标法》为基础法律，颁布了一系列部门规章制度进行专门规定和细化。

我国《招标投标法》第 46 条第二款规定："招标文件要求中标人提交履约保证金的，中标人应当提交。"即投标人履约保证金制度。这条规定并没有同时对应该提交的保证金数量，以及招标人在获取该项保证金以后在使用上的限制作出明确规定。由此引发的问题比较复杂。例如，招标人可以任意制订提交的保证金数量。当前市场中，有的投标人要求招标人提供工程造价 10% 保证金，有的甚至达到30%至50%；正是因为缺少"度"的法律规定，不少招标人以提交保证金为幌子，变相地强迫施工企业垫资施工，造成施工企业举债施工。

总体而言，直接针对建筑业的国家法律法规不多，而实际操作过程中，建筑施工企业又较多地依赖不成文的行规或内部规定。立法层次低，司法适用性相对较弱，削弱了法律法规的总体调控能力。法律法规的不合理性，使得建筑施工企业在营运资金管理中遇到工程保证金、工程垫付款等应收账款数额巨大的情况较多，影响营运资金整体效率提高。

四、建筑施工企业的概念及特点

建筑施工企业，通常也被称为建筑安装类施工企业，主要是指承揽铁路、房建、路桥和市政施工等工程的施工企业。

建筑施工企业主要有以下几个特点：

（1）流动性。建筑施工企业所承揽的工程地点具有不确定性，遍布五湖四海，施工企业往往随着工程地点的移动而转移，因而施工人员和各项资源的配置也相应地进行转移，如何将分散地点的工程管理得当，对企业提出了更高的要求。

（2）施工周期长。建筑施工企业所承揽的工程不管是铁路、房建、路桥，还是市政工程通常都规模较大，而且施工过程中受地形和气候、水文等自然条件的影响较大，所以施工周期较长，在施工过程中需要占用较多的人力、物力和财力。

（3）施工技术复杂。建筑施工企业需要根据所承揽的建筑工程的结构及其所面临的自然条件进行多工种相互配合地作业，在施工过程中需要的物资和设备繁多，因此对施工的技术和管理提出了更高的要求。

第二节 核心概念

一、现金流管理

公司的现金流即现金的流量。现金的流量是处于变化动态中的，其核心是公司经营达到现金的流动。公司现金的流动分为现金流量、现金流向、现金流速以及现金流程。这些因素既相对独立，又互为联系。公司的动态流转主要分为：物质流、业务流、信息流、现金流，其中现金流更具有综合性。公司现金流在不同程度地影响着公司价值链的运转，影响着物质流、业务流、信息流。公司在经营价值链过程中，可以看作是一个运动的整体，从现金到现金流的循环。现金流不仅是一个数量概念，更是一个矢量概念。在会计领域，现金流核心意思是公司现金的数量信息。公司现金流一般分为三个阶段：经营活动现金流、投资活动现金流、筹资活动现金流。而在财务管理领域，公司价值诠释一般用的是折现现金流概念。

公司财务管理核心就是对公司现金流的管理。按照现金的收付实现制原则，企业通过对投资、经营、筹资三项现金流活动以及一些小数量的非经常性项目活动中产生的现金流入、流出，在相关会计年度内进行归集和分析，从而得出需现金流管理优化方向及内容，大大地提高公司的资金效率，降低资金成本，最终促进公司不断发展壮大。

现金流管理，即以现金流量管理为重心，兼顾收益，按经营活动、投资活动、筹资活动构建管理体系，用以对当前或未来一定时期内现金流动的数量、时间安排，所做的计划、执行、控制、信息传递、报告、分析、评价的事项。

现金流管理主要内容涵盖与现金预算分工的组织体系中有关一系列的制度、程序性的安排，实施预测与计划系统和由收、付、调度系统所构建的执行与控制的控制体系，又包括以报告一定时期母子公司系统综合运行的结果信息与报告系统，以及对现金流管理系统、现金预算执行状况、现金流信息分析、评价系统。经营活动现金流是指在企业经营活动中，出于保障各主营业务板块业务运行、发展所必需的现金流。经营现金流管理核心是保障经营活动现金流不断裂，确保企业经营性资产有效流动，实现组织价值管理预期。

投资活动现金流管理是指企业长期资产（通常指一年以上）的配置及其处置发生的现金流量，包括固定资产购置、长期投资现金流量支出、处置长期资产现金收入，并按其性质，在现金流量表分项列示。投资性现金流管理是指围绕企业战略，为实现企业组织意图保障企业资本性支出必须匹配现金流。投资活动现金管理是围绕企业长期价值，保障企业投资活动现金流不断裂，确保投资活动现金流有效，实现组织预期的管理。

筹资活动现金流管理是满足企业经营活动、投资活动资金需求，并保有一定弹性的有效融资安排。筹资活动现金流管理核心围绕企业战略安排，对企业经营活动、投资活动资金缺口进行筹融资安排，确保经营活动、投资活动现金流不断裂，并保有一定弹性。

总之，研究企业现金流管理问题即围绕企业战略，对经营活动、筹资活动、投资活动进行有效的运行环境设计、资金方向及数量的安排。

二、资金管理

（1）资金管理的概念

资金是企业和国民经济运行的血液，充足的资金是企业正常运营的重要保障。资金管理就是企业对其自身及其分公司的资金来源和使用进行控制和监督。企业的资金管理活动基本贯穿于企业的整个经济活动。企业投资之前首先要进行投资项目的资金预算，只有充足的资金才能保证生产经营活动的有序进行，只有合理的资金预算才能让企业后续组织正常的资金供应。企业投资项目运行中，企业需要合理调度资金并对资金的使用效率和使用情况进行监督、管控、考核和分析，以达到节约资金、持续发展的目的。企业投资结束后，企业需要对投资项目所形成的应收和应付账款进行管理，完成清收和清欠工作。同时，企业要对整个流程中资金管理所出现的问题进行梳理和反思，提高自身的资金管理水平。

（2）企业资金管理的内容

企业资金管理的内容总的来说就是事前的资金预算、事中对资金的控制和监督、事后对资金的考核和分析。具体的企业资金管理形式有资金的集中、结算方式、投融资、管理机构的设置及其资金管理应用技术平台的搭建与运营等。

（3）企业资金管理的模式

纵观近年来国内外企业的实践经历和研究成果，企业资金管理主要有两种类型：集权和分权。集权型的资金管理模式，企业的资金管理权主要集中在总公司手中，分公司被总公司所控制，没有财务的自主权和资金的任意使用权，日常的资金活动受到总公司的支配。分权型的资金管理模式,企业的资金管理权下放到各个分公司,各分公司依据自身的情况进行资金的调配和使用。随着经济的不断发展,资金管理的模式主要呈现以下几种不同的模式:

1)企业内部银行模式

企业内部银行就是将企业的资金和信贷等业务进行统筹安排,通过引进现代商业银行的信用贷款和基本结算等职能来完善企业内部的经济核算方法。这种模式下,企业内部银行可以对企业的资金和信用贷款进行合理筹划,合理调配资金,提高资金的使用效率。

2)企业资金结算中心模式

企业资金结算中心是企业为管理各个分公司的资金而在企业内部单独成立的资金管理机构,主要为企业的各个成员单位办理和协调各种类型的资金收付和往来结算等业务,在企业内部盘活资金,提高资金的使用效率。

这种模式下,企业成员单位可以开设自己的收款和付款账户,但是成员单位账户收付款的额度受总公司的限制,超出额度就需要向资金结算中心申请进行资金的调拨。这种模式与统收统支模式相比,更能激发下级成员单位参与资金集中的积极性,企业的资金也可以在有效的监控中合理运行。

3)拨付备用金模式

拨付备用金模式是在总公司的统一调配下,公司成员单位在总公司控制的限额内自由支配,超过自有资金限额上交到总公司账户,自有资金低于最低限额,总公司下拨资金。

这种模式下,总公司给予了子公司资金使用的较大自主权,但是总公司对资金的管控力度下降,子公司限额内的资金使用情况无法得到监控。

4)统收统支模式

统收统支模式下,子公司所有经济业务的收付款必须通过总公司财务账户,子公司没有自己的银行账户或者银行账户被总公司所控制。

这种模式下,总公司可以监控子公司资金,对整个公司的资金进行合理地安排和调度,提高整个公司的资金使用效率和水平。但是,这种模式也使子公司丧失了财务自主权,经营活动的灵活性也受到了牵制,在一定程度上会造成财务风险和经营风险。

5）财务公司模式

财务公司相比于资金结算中心是企业内部的独立法人，是可以为企业提供金融服务的非银行性的金融机构。因其设立程序复杂，条件严格，所以财务公司除了为公司提供日常资金融通和往来结算等基本业务外，还可以提供理财和增值服务。

这种模式下，各个子公司和总公司都在财务公司开设账户，有独立的资金调配和使用权。财务公司就像商业银行一样，各个公司在财务公司可以进行存款和贷款业务并支付相应的利息费用。财务公司也可以利用集中起来的各个公司的资金进行对外投资，赚取资本增值。

（4）建筑施工企业资金管理的特点

建筑施工企业的施工地点分散，施工周期长，施工技术复杂，因此在施工过程中需要占用大量的财力，如何加强企业的资金管理，提高资金的利用水平显得尤为重要。

建筑施工企业资金管理主要有以下几个特点：

1）开立外地账户众多，资金使用分散。

建筑施工企业的施工地点一般遍布全国甚至海外各地，比较分散。各个施工项目部往往在施工当地开设自己的银行账户进行独立核算，造成了资金的集中程度较低。如何集中资金，提高资金利用率对企业提出了更高的要求。

2）施工项目保证金种类名目繁多，金额较大，回款时间较长，占用了企业大量的流动资金。

施工企业在项目投标前，需要支付投标保证金和履约保证金，这些在项目投入之前垫付的保证金占用了企业大量的流动资金。投标结束后，招标公司由于管理混乱，长期占用保证金，保证金回款较慢，严重影响了企业正常运营所需的资金。

3）应收账款数额大，回款较慢。

建筑施工企业的应收账款包括应收工程款、应收工程验收款、应收工程质保金三类，其中应收工程验收款和应收工程质保金占很大比重。在承揽工程竣工考核验收后，所承建的项目部就转移到另一个工程地点，但是项目的应收和应付款项尚未处理完毕，多数建筑施工企业对于后续应收和应付款项没有合理的管理办法，造成了应收款项数额较大，到期无法按时收回。

三、财务指标分析

财务指标分析即对企业财务状况与经营成果各项指标进行总结和评价。它包括偿债能力指标分析、运营能力指标分析、盈利能力指标分析和发展能力指标分析。一般由报表分析者根据报表使用者的关注点对企业财务报表进行分析与评价。

偿债能力指标分析：企业偿还到期债务的能力，即偿还本金和利息。偿债能力分析由短期偿债能力分析和长期偿债能力分析组成。短期偿债能力分析涵盖流动比率、速动比率、现金流动负债比率。长期偿债能力指标分析一般由资产负债率、产权比率、负债与有形净资产比率、利息保障倍数组成。

运营能力指标分析：通过计算企业资金周转的有关指标，分析其资产利用效率，是对企业管理者管理水平、资产运用能力的分析和评价。一般涵盖总资产周转率、流动资产周转率、应收账款周转率、存货周转率、固定资产周转率等。

盈利能力指标分析：企业持续赚钱的能力。它通常表现为企业收益的金额、收益的质量。企业盈利能力分析可以通过企业一般盈利能力和社会贡献能力分析两方面研究。其指标包括主营业务毛利率、主营业务利润率、资产收益率、净资产收益率、资本保值增值率。社会贡献能力分析主要包括两个指标，即社会贡献率、社会积累率。

发展能力指标分析：它是企业在生存的基础上扩大规模、壮大实力的潜力评价。在分析企业发展能力时，主要评价以下指标：销售（营业）增长率、资本积累率、总资产增长率、净利润增长率。

财务指标分析在现金流管理运用主要是通过对目标企业成长性、经营效率、盈利能力、偿还长短期债务方面能力分析、检测，尤其是与行业数据进行对比，寻找出现金流管理差距。主要包括经营活动现金流管理差距、投资活动现金流管理差距、筹资活动现金流管理差距。

四、供应链管理

供应链一词最早被提出是在20世纪60年代，但直到1993年人们才真正地认识这一概念。因为对于供应链的研究侧重点不同，各国专家对"供应链"一词的解释也不尽相同。我国的《物流术语》给出的定义是，供应链是生产和流通过程中，为了将最终的产品销售给最终的使用者，从上游供应商到下游零售商共同构建的网链状组织。从定义上我们可以看出，"链"代表了各参与方都有相同的利益驱动，被利益"链"接的各企业之间有着相同的目标，处于"链"上的每一个企业都会被这一网链所影响，同时处于网链中的任何企业同样会影响到整个网的发展。相互影响，密不可分。因此，处于"链"上的企业必须紧密合作，相互配合，共享信息，共担风险，发挥自身优势，合理配置资源，在激烈的市场竞争中才能夺得一席之地。

与供应链相同，迄今为止在世界范围内，对于供应链管理未能形成一个相对统一的解说。我国在《物流术语》对供应链管理给出了这样的解释：供应链管理是运用计算机等先进的技术手段对供应链中的商流、物流、资金流进行一系列的计划、组织、协调和控制的管理活动。从定义可以看出，对供应链的管理就是利用供应链的各种信息，将供应链上的各个参与者视为一个利益共同体，从全局出发统筹规划，克服单个独立个体固有的缺陷，整个供应链信息共享从而实现资源的优化配置，提升整体的竞争力，实现整体利益。

迄今为止，供应链还未有一个明确定义。早期的供应链衍生于制造业，具体被定义为：原材料和零部件通过生产转换和销售等活动，传递到终端零售商或用户的过程。目前，被大众接受的对供应链的理解是：供应链是一个以自治或半自治状态存在的商业实体构成的，能够共同合作，负责管理一个或多个产品的采购、生产和分配活动。这个概念较为系统全面地阐述了供应链的整体思想。

供应链与供应链管理的含义并不相同，供应链管理是指对构成供应链系统的各个环节和要素进行统筹、调节、控制和优化的一种管理活动，促使供应链整体化、最佳化，以期达到稳定、协调、高效的目的。它体现了一种集成的管理思想和方法。国内学者将供应链管理的研究发展历程分为三个阶段：第一阶段的研究主要为分离的物流配送和物流成本管理（20世纪60—70年代）；第二阶段研究重点为整合内外部物流管理和企业间关系管理（20世纪70—80年代）；第三阶段研究重点为整体价值链效率和价值增值的提升（20世纪90年代至今）。

供应链管理理念兴盛于制造业与零售业中的大型企业的管理实践，是企业战略联盟的产物。当前的企业关系正处于战略联盟关系时期（20世纪90年代后期至今），由于市场全球化发展及经营难度与经营风险的逐步增加，迫使企业从以往竞争关系变为合作关系，不再仅仅追求转嫁成本与费用从中获利的局面。作为企业完成价值链管理的手段，供应链管理包含从"供应商的供应商"到"客户的客户"之间有关最终产品或服务的产生和交付的所有业务活动。供应链管理可使企业消除冗余、盘活库存、提高服务水平、缩短生产提前期、降低市场风险、提高整体利益，以至最终提升企业整体竞争力。

20世纪90年代，业务流程再造管理理念达到全盛时期。首次在营运资金管理研究中引入供应链管理理论的是安德鲁·阿加佩（Andrew Agapiou），他分析了建筑供应链中建筑商所扮演的重要角色：建筑企业急需外源资金投入，而建筑商可为行业供应链上的大小企业提供资金，因此和建筑商保持合作关系对处在供应链中的建筑企业来说至关重要。2006年，美国银行业况深受"次贷危机"影响，企业融资途径受限，为了开拓更多可能的融资途径，人们开始从供应链视角关注资金短缺的解决方案，供应链管理才算真正踏进营运资金管理的实践领域。

当前的财务管理实践中，并未对资金管理和企业经营进行整合管理，而是业务和财务相互不理，各自分离。传统的营运资金管理并不能反映出和企业"经营"有关的内容，这使营运资金管理成为脱离企业实际业务的封闭资金循环。随着供应链管理模式被推广使用，"供应链"在实践中被频频引入企业营运资金管理中，这一变化冲击着当今已成熟的营运资金管理实务规则，营运资金的周转实际是依托在企业的供应链关系之上的，因而当前将供应链管理理论引入营运资金管理，借此实现业财整合，其实是在复原营运资金管理的本来面貌。当今，许多大型企业已经关注到"业财一体化"对企业财务管理的重要性。将供应链管理应用于营运资金管理，前提是企业需要具备有效的业务流程化管理，如果业务流程规范度较低，供应链管理技术和营运资金管理就会出现彼此不适配的情况，企业大部分资金分散地滞留在自身营运资金链中难以释放。因此将供应链管理引入营运资金管理从而使资金流有效运转，至关重要的一点是紧密联系企业的实物流、工作流与信息流。在当前国家供给侧改革的环境下，应用这种营运资金管理策略对位于供应链中的核心企业进行案例分析研究，能够为该行业供应链整体转型优化提供理论支持。

IASB/FASB（2008）在《关于财务报表列报的初步观点讨论稿》中联合提出在财务报表中分别披露为企业创造价值的营业活动和为营业活动融通资金的筹资活动的思路，并进一步将营业活动分为经营活动和投资活动进行披露。此举改变了之前将经营活动和营业活动混为一谈的观念，将经营活动和投资活动共同作为企业创造价值的营业活动的重要组成部分。

现有营运资金的概念界定会使企业营运资金管理出现短视行为，产生营运资金管理决策与业务分离的结果。出于此点考虑，学者孙莹将营运资金界定为企业正常营业运行中用于日常周转的所有资金，等于总资产减去营业活动（包括经营活动与理财活动）带来的营业性负债（既包含长期负债也包含短期负债），即营运资金=资产-营业性负债。这意味着营运资金管理概念既包括短期营运资金的管理又包括长期营运资金的管理。

这种从企业经营管理角度出发对营运资金进行分类的思路，突破了传统的营运资金分类思维，即按营运资金的项目和时间性质进行划分。通过运作畅通的供应链提供的基础支撑，每一个环节的营运资金都能实现高速运转。营运资金的管理致力于提升供应链的整体绩效。根据供应链管理思维，可以把企业营运资金细化为经营活动营运资金和理财活动营运资金，经营活动营运资金又可细分为采购渠道营运资金、生产渠道营运资金和营销渠道营运资金。

五、营运资金

营运资金伴随着企业日常经营活动，它是为了能够及时、详细地反映某一个阶段的经营成果和财务状况应运而生的。随着研究营运资金的学者越来越多，研究理论越来越丰富，在学术界对营运资金的概念出现了不同的定义，总结起来有以下三类：

（1）第一种概念是企业在某个会计期间，全部流动资产扣除全部流动负债后的净额，通常也称为净营运资金，即狭义上的营运资金。这一概念被大多数财务人员使用，计算某个期间企业的营运资金。营运资金的多少和企业的偿债能力紧密相关，营运资金多则企业到期偿债能力就强，营运资金少则企业可能面临到期无法偿还债务的风险。因此，营运资金可以很直观地反映出企业是否具备足够的偿债能力。这一概念在分析企业财务状况时运用得很多，在判断企业资金流动情况和财务风险大小的时候，通常也被作为一项重要指标。

（2）第二种概念是企业在某个时期的所有流动资产，包括货币资金、应收账款、应收票据、预付账款、存货和有价证券等所有的流动资产，当然也被称为广义上的营运资金，这一概念的提出是基于企业生产的全部过程，以便于顾及企业经营的各个环节。但是广义上的营运资金将全部流动资产包含在内，这就很难对某个具体要素进行详细、动态地反映。

（3）第三种概念是将流动资产和流动负债看成是一个整体，在此基础上对二者进行"加总"，但并非简单地将二者求和，而是对二者关系进行求和。也就是不仅要反映流动资产的状况，也要反映流动负债的状况。将二者综合起来共同管理，可以使流动负债对营运资金的影响和流动资产内部结构优化组合起来考虑，基于这个角度，企业可以很好地把握流动资产投资额的数量。

营运资金，也叫营运资本，是公司正常生产经营中必需资金。营运资金的内涵能够从广义和狭义两个层面来区分。狭义的营运资金，是指特定时点公司的流动资产与流动负债两者之间的差额。它并不是特别指向某项资产或负债，指的是公司一定期间内全部流动资产减去全部流动负债后的数额，也被叫作"净营运资金"。广义的营运资金，也可以说是"总营运资金"，是公司一定期间内的全部流动资产，包括库存现金、银行存款、现金等价物、应收账款和预付账款及各种存货等。

本书中所用的营运资金的内涵并不是简单的广义与狭义的内涵，它体现了流动资产与流动负债两者的联系，是对公司一定期间的流动资产和流动负债的总括。

要对营运资金进行有效的管理，需要得知营运资金所具备的特点，这样才能形成良好的管理，具体来说，有以下特点：

（1）资金来源灵活。长期筹资方式的选择除衡量成本外第一考虑的是财务风险，而通过短期筹资方式筹集营运资金，企业旨在能够及时筹集并偿还债务，因而通过短期筹资方式筹集资金，首先需要考虑灵活性，因而营运资金的来源往往具有高度灵活性。

（2）存在波动性。流动资产的数量较为敏感，常随企业内部与外部经济环境的变化而变化。

（3）回收期较短。以流动资产形式存在的资金，一般能够在一年或一个营业周期内回笼。因此营运资金往往可以来源于短期资金。

（4）形态容易发生变化。营运资金的形态通常按照现金、材料、在产品、产成品、应收款项、现金的顺序转化。因而企业在进行流动资产管理时，通常注重在各项流动资产上按照变现性合理配置资金量，以求做到结构合理，促成资金周转畅通。

综合各类研究观点，营运资金应该是特定时段内企业流动资产、流动负债二者的总值。这也反映了流动资产、流动负债间潜在的关联。管理营运资金，也往往将流动资产、流动负债作为整体组成部分。这也为企业在分配管理流动资产上提供了指向。

营运资金贯穿企业生产经营的全流程，不但为企业运营提供了强有力的资金保障，而且有利于强化企业的持续经营能力，从而使企业价值得到提升。现有营运资金研究涉及广义和狭义两种视角。广义角度即总营运资金，侧重从整体资金流转角度反映某一时段内流动资产投入总量，可以作为营运资金整体流转水平的可靠衡量指标。狭义角度即净营运资金，指流动资产扣除流动负债后的余额。它侧重于衡量企业抵御财务风险的能力，能够有效反映企业的短期偿债能力。由于净营运资金能够更准确地反映企业实际营运资金流转状况，现阶段针对营运资金的研究主要是从狭义定义的角度出发，综合企业经营中的财务风险进行分析。本书的研究也是基于净营运资金的概念展开的。

营运资金在企业运转过程中发挥着重大的作用，因此其管理势必引起企业高管的重视。把握营运资金管理目标，才能从根本上优化管理水平，带来价值增值。首先，营运资金的流转要与企业业务活动相匹配。资金运转与业务流程的推进是相辅相成的，只有在业务进行的过程中及时匹配适量的营运资金投入，才能推动下一项业务活动的顺利进行，完成整个资金闭环。其次，在加快资金周转的同时，提高资金收益性。经营活动相关流动资产周转期的缩短，可以有效加速资金运转，提高单位时间内资金收益率。再次，维持适当的偿债能力。企业具备一定的短期偿债能力，不但有利于企业保持良好的声誉，也能为以后寻求合作奠定良好的信用基础。最后，平衡收益与风险。企业应该将流动资产及负债的存量和时间控制在可接受范围内，使其相互匹配紧密衔接，在动态的流转过程中保持偿债能力。

营运资金策略是针对企业流动资产及流动负债的结构提出的管理政策，具体分为营运资金筹资和投资策略两大类。不同类型的企业应该结合其行业和业务特征、所处的阶段、自身实力及管理理念等，运用科学的方法测算出合理的营运资金结构，采取不同的能够保障企业运营，实现企业目标的营运资金策略。当然，企业在进行营运资金策略选择时，需要充分考虑企业的风险承受度、资金使用成本和经济效益等因素，从而制定适当的策略。营运资金筹资及投资策略总体上能够划分为三种：保守型、匹配型和激进型。

保守型策略下，筹资方面较少运用临时性流动负债，企业偿债风险较小，投资方面侧重于资产的风险性，流动资产占比相对较高，具有低风险、低收益的特征。

匹配型策略下，筹资方面波动性流动资产完全依靠短期资金，其他资产均依靠长期资金，投资方面侧重于资产收益性与风险性的权衡，是一种较为理想的状态。

激进型策略下，筹资方面临时性负债能用于满足部分长期资产的需求，投资方面侧重于资产的收益性，非流动资产占比相对较高。

营运资金是满足公司正常业务运转的重要资金，也是公司生存的必要保障，因而，加强营运资金管理对于公司来说是必要且迫在眉睫的，而且有着非常重大的作用。简单来说，可以包括以下几个方面：

（1）持有适当的营运资金可以满足公司管理的财力保障

现金具有很强的流动性，现金收付并不具有一致性与准确性，导致企业无法完全匹配现金收付的同时性，财务人员不能准确预计公司一定期间的现金流量，从而不利于公司未来业务开展的确定性。因而持有合理的营运资金数额，能够让企业资金满足其正常的经营收付，从而促进企业的业务正常开展。

（2）营运资金管理可以协调公司现金流动

公司的存货、固定资产等变换为现金，便成为了其现金收入；而公司偿还长短期负债，便会产生其现金流出。现金出现短缺的情况，就会导致公司不能按期偿还负债，而现金出现富余的时候，就会致使公司资产的盈利能力降低。因而，通过营运资金管理可以管控现金收付，维持现金收付的平衡，使现金流能够循环运用。

（3）营运资金管理能够提升企业抗风险水平

基本上，企业的净营运资金越多，偿还短期借款的可能性就越大，企业的声誉会更好，筹集资金会更容易；反之，偿还短期借款的能力就越弱，公司声誉就越差，筹集资金就越难。可以通过流动比率、速动比率等与营运资金相联系的这些标准来评估公司的偿付债务可能性和公司的风险性。因此，公司能够经过营运资金管理，增强自身的偿债可能性，提高公司的经营收益性。

因而，营运资金管理对于企业而言发挥了非同寻常的意义，它可以维持企业日常运营中资金流的稳定，平衡现金流入流出，可以完善公司的营运资金结构，合理安排债务比例，可以对公司的财务风险和经营风险进行控制，而不是限制，能够推动企业更好地长远发展。通过对建筑公司的营运资金管控研究，能够为其提供相关建议，有一定的现实意义和借鉴意义。

六、企业内部控制

（1）内部控制的概念

企业内部控制：指在一定运营环境下，企业为了提高经营效率，充分有效地获得、调度、使用各种资源，达到自身的管理目标，而在企业内部实施的各种制衡与调节的组织、计划、程序和方法。

企业建立与实施内部控制应从全面性、重要性、制衡性、适应性、成本效益角度，建立与企业外部环境相匹配的内控治理体系。

企业建立与实施有效的内部控制，应当包括以下五要素，即内部环境、风险评估、控制活动、信息与沟通、内部监督。

企业内部控制在现金流管理的运用，更多是围绕企业战略意图，对现金流管理内控五要素进行分析、检测,确保企业现金流管理运行环境有效,不出现重大风险或纰漏。

(2)建筑施工企业资金管理内部控制的内容

内部控制是一个企业为了实现经营的长远目标,保护企业资产的完整性和有效利用而在企业内部实行的自我规划、约束、调整和管控的一系列措施。建筑施工企业资金管理内部控制的内容应该结合内部控制的五大要素(内部环境、风险评估、控制活动、信息与沟通和内部监督)进行分析。

内部环境是企业进行内部控制的基础。内部环境一般包括企业内部机构的设置、企业职工职权的分配、治理结构的设置、企业文化和人力资源政策等。良好的环境直接影响到企业组织管理的好坏。建筑施工企业一般施工地点分散,可能遍布全国各地,因此为了各个施工项目的正常运转,总公司一般会在每一个施工项目地点单独成立独立的财务核算体系。因此需要一套资金集中管理的治理结构。首先,建筑施工企业需要探索试行财务片域化管理模式,结合公司经营管理模式变革的需要,试行片域财务集中核算的新模式,优化和集约财会人力资源要素。其次,企业要加强对员工宽领域多角度培训学习,拓宽财务人员理论基础,提升财务人员的适应能力、创新能力和财务管理理念。风险评估是企业在日常经营活动中要及时识别并进行合理评估其所可能面临的风险和挑战。建筑施工企业由于其施工周期较长,工程项目对资金的占用量较大,各类保证金回款周期长等提点,因此需要企业在日常经营活动中对各类保证金和营运资金所面临的风险进行及时地识别和应对。

控制活动是企业对经营活动中的风险进行识别和评估后采取的控制措施,使风险控制在有限的范围之内。它是企业内部控制的重要环节。建筑施工企业资金管理的内部控制活动应该以资金管理为主线,强力推进清收清欠切实取得成效,确保债权债务规模保持在合理水平;充分运用各种资金管理手段,切实保证资金链安全;做实基础工作,预防控制财务风险,确保企业稳定、高质量发展。

信息和沟通是企业在进行内部控制的活动中内部各个部门和各级人员之间对相关信息进行收集整理和传递,确保企业与外部,企业内部各部门之间的有效沟通。

内部监督是企业对其所开展的内部控制的建立和落实情况进行监督，评价企业内部控制的有效性，推动企业的长远发展。建筑施工企业应该定期邀请公司纪检监察部门对施工项目的资金管理活动开展审计监督检查，规范资金收支管理。

（3）建筑施工企业资金管理内部控制的方法

建筑施工企业资金的内部控制方法按照时间的先后顺序可以分为三个主要环节，即事前的防范、事中的控制和事后的监督。

1）事前防范

①建立和完善资金管理相关的内部控制制度。企业应该建立一套标准的内部控制制度，比如《企业财务管理准则》《企业资金管理办法》等，利用这些规章制度约束和规范相关的人员和办事流程，使所有的活动有条可依，有理可寻。比如，建筑施工企业由于工程地点的分散性和施工周期的长期性，在项目当地往往开设自己的账户。总公司为了加强资金管理通常会建立一套资金使用的审批制度，未经授权审批不得乱用资金，以达到监管项目资金的目的。

②实行岗位职责分工制。建筑施工企业在资金管理活动中，根据其施工项目的目标和任务，合理地对各职能部门和工作岗位进行设置，各部门和各个岗位的职责进行明确而细致的划分，相互制约与相互促进，各司其职。建筑施工企业根据业务需求需要设置预算部门、物资部门、施工技术部门、财务部门和后勤部门等，各部门之间相互分离，相互制衡。对于工作岗位的设置同样需要相互联系与相互制衡，通常应该设置预算计价员、采购员、仓库保管员、技术员、会计、出纳、后勤人员等。

③预算控制。古人云："凡事预则立，不预则废。"这就要求建筑施工企业在施工进场之前对项目整体和整个过程所需的资金和资金的回笼情况进行合理预算，进而才能在工程的后续施工过程中合理使用资金，保证工程项目的合理运行。

2）事中控制

①重视异地施工项目账户管理。对于施工项目所开设的账户进行集中管理，项目部的收支受总公司监控，严禁施工项目部对劳务施工队未计价超付款和先付款再计价。

②重视工程项目备料资金的占用。建筑施工企业物资部门与物料供应商在采

购物料之前要签订严格的付款条件合同。财务部门严格按照采购合同约定的付款比例进行付款，同时要严格审核物料供应商所开具的增值税专用发票，合理利用资金的同时降低企业的税务风险。

3）事后监督

①发挥会计的监督职能。建筑施工企业需要根据我国统一的会计制度，对施工过程中的每一笔经济业务进行如实地记录和反映，充分发挥会计的监督职能。

②设置内部审计和监督部门。建筑施工企业在工程竣工验收后，总公司内部审计和监督部门要进行竣工审计和清场核算。施工项目主要领导人工作调动应进行离任审计。有些施工单位每年会对在建项目进行抽查审计，审计各项经济业务的同时发现施工项目资金管理内部控制的薄弱环节，在一定程度上会促进施工项目合理使用资金，起到了监督和推动的作用。

（4）建筑施工企业资金管理内部控制的关键控制点设置

1）资金预算控制

预算控制是在管理控制中使用最广泛的一种管理方法。建筑施工企业的资金预算控制主要有四个方面：编制预算、执行预算、调整预算和考核预算。建筑施工企业的资金预算主要是指施工单位在施工过程中将资金的来源和分配以表格和数据的形式进行预测，跟踪和反馈，事后评价预算的有效性，以达到增加资金使用效率的作用。这个方面我国许多建筑施工单位做得还不够好，很多单位缺乏资金预算这一环节，对于收到的资金缺乏合理的安排和长久的预算。很多施工单位即使进行资金预算，但是后续对于预算执行的考核和评价也做得不到位，预算往往流于形式。因此，资金预算是建筑施工企业资金管理内部控制的关键控制点。建筑施工企业应该对资金的来源和使用进行细化预算，建立相应的预算评价体系，让企业的资金预算真正落到实处。

2）资金管理内部控制制度和程序

由于建筑施工企业地点分散，资金集中管理难度较大，因此企业需要建立对于整个企业不同职位和不同人员的资金管理内部控制制度和程序。比如，物资采购部人员需要每月对所签合同的供应商的计价和付款比例进行核对，根据合同付款比例制订相应的资金支付计划。财务部人员需要对物资部门提出的资金计划进行审核等。

3）应收账款的控制

应收账款是建筑施工企业的重要资产，但是由于建筑施工企业所处行业和进行服务的特殊性，应收账款中一般存在工程验收款和工程质保金，应验交款和应收质保金一般需要等工程项目竣工验收考核之后才能支付。但是由于施工单位的流动性和施工地点的分散性，多数建筑施工单位往往工程项目结束后就转战到另一地方施工，企业对应收账款的催收和清收清欠工作不重视，到最后使应收账款形成坏账的比例增大，严重影响了施工单位资金的正常运转。因此，建筑施工单位需要对应收账款进行细化的分析，对客户的信用和所处的经济环境进行分析，识别自身的信用风险，计提相应的坏账损失。同时，要加强应收账款的管理，建立相应的考核制度，将催收和清欠都纳入考核标准中。

4）银行收支业务的控制

建筑施工企业的项目往往遍布全国各地，为了项目的正常运转和资金的灵活使用，需要在承揽项目当地开设项目自己的银行账户来进行日常的资金收支业务。纵观目前的建筑施工单位，普遍存在银行资金胡乱使用、供应商、劳务分包商超计价金额付款、无计划使用流动资金的现象，严重影响了企业的正常经营。

因此，对于银行资金的集中管理和监控对于总公司显得尤为重要。

5）物料采购的控制

物料是建筑施工企业成本的重要组成部分，是工程项目顺利完成的保障。工程项目物料采购数量多，种类杂，需耗费的资金多，如何用最少的钱买到货真价实的东西对于施工项目至关重要。因此，物料的采购是施工项目进行资金控制的重要环节。在物料采购环节，需要注意采购计划的拟定、采购计划的审批、订货、验收入库和付款等流程。对于大宗的固定资产物资，施工项目部需要提前拟定采购计划报总公司审批，总公司对其使用的必要性和采购价格的合理性进行审批。对于日常用的物资设备，除公司集中采购材料外，全部实行招标采购。小额采购要有询价、比价、定价过程，要有会议纪要。物资部门要收集招标、投标及询价、比价资料，整理建档，登记台账，以备审计、检查。同时，对于物资部门采购物资的质量和价格要实行透明化处理，保证项目的采购活动在阳光下运行。购买物资设备入库，首先由保管员按实收数量填制点验单，采购员、保管员签字认可。每批次入库点验单数量与试验部门检验批次吻合。物资部门妥善保管好采购、运输、存放各环节的原始单据，入库小票备查。物资部门按购买批次及时将入库点验单、货物清单（盖供货单位发票专用章）报施工项目领导审批签字后送到财务部门。物资部门收到货物发票后，将发票及时送交财务，财务、物资部门在交接表上签认。

第三节　营运资金管理理论

一、营运资金管理的重要性

William Beranek（1966）指出营运资金管理的核心是对可控流动资产的管理，并建立模型论证了影响企业盈利能力的因素之一是存货的管理水平。W.D.Knight（1972）对营运资金定义进行全面拓展，最终表示众多因素都可以对企业营运资金管理活动开展起到一定影响作用，而且各个因素单独最优不等于整体达到最优发展状态，管理者开展企业管理活动，必须对项目内在关系投以较高关注度，同时维持其发展平衡。

20世纪末，国外关于营运资金的研究已经逐步完善，研究的范围不仅是理论知识，更拓宽了在不同领域的实践活动范围。进入21世纪后，国外研究人员开始从不同研究角度入手，对营运资金管理进行研究。Ebrahim Manoori（2012）指出想要提升企业经营的效率需要改善营运资金的影响因素，因此，他从现金流、资本性支出、企业规模等多方面，详细阐释了哪些因素能够对营运资金产生影响，包括具体影响程度等。Aravindan.R. 和 Ramanathan.K.V（2013）提出了一种营运资金预测模型，并表示在对运营资金进行预测阶段内，利用定量以及定性分析方式，开展模型分析活动，同时将各个项目之间所存在的内部作用关系全面体现出来。打造完善的预测模型，可以协助企业提高营运资金管理水平，更能全方位优化企业管理。20世纪90年代后，我国开始对营运资金管理的研究。因为我国的会计制度在 20 世纪末才正式和国际惯例接轨。从此，营运资金相关概念被我国学术界熟知，并进行了大量的相关研究。

向平（1997）最早对零营运资金管理方定义进行阐述，并表示企业想要实现可持续经营目标，尽可能对闲置资金进行有效控制，在促进货币资金周转速率逐步提升条件下，共同为实现终极发展目标打下坚实基础。随后，我国针对营运资金管理能力相关的各项指标进行综合评估。

杨雄胜等（2000）研究人员将企业营运资金周转效率作为研究对象，通过研究发现，各个指标项目的考察，主要从时间周期方面进行，例如将周转率指标调整为账龄指标。

王忠帅（2011）表示，对企业营运资金管理能力进行全面评估，整理所强调的综合性指标包含流动资产的周转期，若要实现该指标的良性变动，归根到底是要保障企业流动资产增幅始终保持在企业收入增幅之下。企业能够从多个角度使流动资产周转率得到相应改善，如对生产工艺流程进行调整，在提高销售规模条件下，确保短时间内能够有效回收应收账款，这样企业闲置资金利用率也会得到相应改善。

曹玉珊（2012）将 2007 年后定向增发的上市公司信息资料作为研究对象，全面开展分析活动，最终表示营运资金管理不仅只是关注与营运活动相关的资金，而是要从整体发展角度入手，强调融资活动开展的重要性，并从营运资金管理方面入手，使存在的战略问题得到妥善解决。

焦栋（2014）表示，国内中小企业始终承担较高的融资压力，而且技术水平也相对较差，该部分因素也会对企业资金周转速率产生一定的不良影响，最终导致企业可持续发展目标无法最终实现。其认为，中小规模企业可以通过引进外来技术、人才等方式，从根本使企业运营水平得到全面提升。

李晓洛等（2016）通过五个环节，对企业所具备的营运资金管理能力进行相应分析，最终表示要在明确岗位责任、划分发展界限等方面入手，确保自身具备的内生约束效用全面体现出来。

谢春林（2018）对不同业务活动开展阶段内，能够对营运资金管理产生的影响作用进行全面总结，最终表示资金周转与业务流程运转、合理资金分配以及提高资金管理效率等因素相关。

经过上述对于公司营运资金管理实际情况的剖析，我们可以了解到营运资金管理对于企业生存和成长的必要性。营运资金管理是公司财务管理的重要构成部分，经过改进营运资金管理不足之处，能够保证公司营运资金的抗风险性、流动性和收益性，同时努力提高企业的整体获利水平。营运资金管理的重要性可以从几个方面来阐释，如：

（1）不断提高盈利能力

盈利水平是公司在激烈的市场争夺中立于不败之地的基础与目标。盈利能力水平的高低不仅受到行业环境和国家经济发展状态等外部环境因素的影响，更受到企业自身管理水平高低的影响。虽然影响条件很多，但是最关键的条件则是营运资金周转速度的快慢。而营运资金周转快慢的关键影响指标是应收账款周转次数和存货周转次数。应收账款和存货在流动资产中所占比重较大，是营运资金日常周转的关键环节，因而缩短应收账款和存货两者的周转次数，能够使营运资金的周转更快，进而提升公司的获利水平。

提升公司营运资金的获利水平与降低公司营运资金的风险性是相互矛盾的，高利益回报带来的必然是高风险，因此企业在加强营运资金管理的同时，还应该平衡营运资金在安全性、收益性、周转性三者的关系，在保证企业资金安全性的基础上，尽量用低成本获得高经济利益，达到企业资金的价值最大化，这样不仅能够降低企业的财务风险，而且可以获得更多的经营利润，使得公司在日益激烈的市场争夺中不会被打败，会越来越强。

（2）保持适当的偿债能力

公司的偿债能力，不仅对于公司的声誉和再融资有作用，还直接关系到企业的存在。在财务管理理论中，我们一般根据净营运资金、流动比率、速动比率和现金比例等标准来判断短期借款偿还可能性的高低。比如流动资产大于流动负债，则净营运资金数额为正，流动比率较大，说明流动资产所需资金一部分来自长期负债，进一步体现了公司短期偿债能力较强；反之，企业的短期偿债能力就越弱。

（3）平衡盈利能力与控制风险

盈利与风险处于相互对立的两面，营运资金管理中的难点是如何平衡获利能力与抗风险水平。从本质上来看，一个企业拥有良好的盈利水平也就表明其偿还借款能力较强。公司若具有较好的盈利水平，在面对资金短缺时，也能容易地筹集到资金，使公司正常运营，避免使公司陷入财务困境中。但是具有较强的偿债能力并不意味着要持有较高比例的营运资金，企业应当合理安排流动资产与流动负债的比例，从而使企业能够动态地保持良好的偿债能力。只有平衡公司的盈利水平与抗风险水平，才能使公司的营运资金管理发挥其作用。

二、营运资金管理的必要性

随着我国市场竞争的愈加激烈，营运资金管理对于企业的长远发展所带来的影响逐渐加大。虽然我国对于营运资金管理的研究逐步深入，但是与发达国家相比，仍存在一定的缺陷，我国企业营运资金不足的现象普遍存在，因此我们很有必要加强对营运资金管理的关注，从根本上分析营运资金管理的不足及其产生原因。我国企业营运资金管理的现状主要体现在以下几个方面：

（1）流动资金不足且筹资困难

流动资金是企业日常经营活动所必需的资金，不可避免地会出现短缺现象，但是如果资金短缺超过一定额度则会对企业的营运资金产生一定影响，甚至会影响企业日常的经营活动。从另一方面来看，流动资金短缺时，企业为了维持正常的经营，会迫不得已向银行等金融机构借款，加重企业的利息负担，最终会使公司的营运资金陷入一个不断的筹集过程中。

（2）营运资金结构不合理

我国大多数公司在进行营运资金管理中，往往会因重视营运资金的安全性和流动性而忽视了营运资金的结构问题。在这种情况下，企业的营运资金结构就出现比例失调的现象，比如有的企业流动负债比例超过了企业偿债能力的界限，有的公司流动资产所占比率太高就会降低公司的获利水平。营运资金结构不合理的情况不仅会影响企业的正常投资融资情况，而且会对企业长远的资金运用产生很大的不利影响。

（3）资金运营中监控力度不够

在很多大公司中，集团不能对子公司的营运资金开展全面的监督，这些企业虽然建立了资金监管制度，但是因为制度不能很好地执行下去，只是停留于纸上，导致监管力度不够，这就会导致子公司的资金经常出现不平衡状况，有的时候资金短缺，公司的业务活动不能正常开展；有的时候资金过量富余而未发现符合要求的投资项目。

（4）营运资金管理不善

企业营运资金管理混乱，缺乏可行的措施，从而导致资金低效运营，主要表现在现金管理混乱、应收账款回收速度缓慢、流动资产质量差、存货短缺或积压等方面。公司营运资金管理在公司日常管理中处于关键的地位，如果管理不善，就会出现现金短缺或过剩的现象，不能使资金发挥其价值最大化，会使企业的业务受到破坏，从而减少盈利收入，降低企业竞争力。

三、传统营运资金管理理论的局限性

传统的营运资金管理理论主要存在以下几点局限：

（1）对营运资金的概念定义存在偏差

以往人们对企业营运资金管理的研究囿于各类流动性项目管理的研究，对短期资金与长期资金的配合视而不见。流动性指标是衡量企业营运资金周转情况的重要指标，由于企业营运资金管理拘泥于对单一流动性项目的管理，因而为了美化指标，企业会选择"短债偿还""长债短还"等短视行为来降低流动比率从而粉饰财务状况。由于传统的营运资金概念界定过于狭窄，理论研究仍停留在单个流动项目，已经与实际需求产生脱节。

（2）未与企业业务流程形成紧密联系

业务流程再造是当今企业与管理学研究的热点。在当前供需市场易发生变化、市场竞争逐渐白热化的背景下，企业纷纷进行自身业务流程再造，以期企业经营在成本、质量、服务和速度等方面能够得到改善，最大限度地适应以顾客、竞争、变化为特征的现代经营环节，因此当前的企业常通过业务流程来整合资源从而实现形成竞争优势。传统的营运资金管理理论囿于对各流动性项目周转效率的研究，这种分析仅仅能够得到一个基于要素的财务指标，隔断了企业业务流程的连续性，分析结果并不能为企业提出可应用于具体业务流程的改善措施而提供

有力的信息支持。

(3) 传统营运资金管理理论中要素存在冲突

营运资金的最优持有量是传统的营运资金管理定量分析的核心内容，在企业财务管理的实际应用时容易自相矛盾。例如，企业对外实行宽松政策可以加速存货周转，但应收账款持有量会因此提升，进而降低应收账款周转效率。又如，虽然较低的应付账款周转率表面上看可为企业带来一定利益，但同时会间接影响存货周转期与产品生产进度。

四、营运资金管理的结构分析

在竞争日益激烈的市场环境中，营运资金管理已成为维持企业正常运转和不断发展的重要动力。

一般而言，在营运资金的流动资产项目中的货币资金、存货、应收账款三方面的管理又尤为重要，这三方面的管理水平可以决定企业营运资金的整体管理水平。

货币资金是在企业生产经营过程中处于货币形态的那部分资金，按其形态和用途不同可分为库存现金、银行存款和其他货币资金。它是企业中最活跃的资金，流动性强，是企业的重要支付手段和流通手段，因而也是流动资产的审查重点。每个企业都需要一定数量的货币资金，企业存置货币资金的主要原因是为了满足交易性需要、预防性需要和投资性需要。货币资金是处于两次循环之间的间歇资金，是企业中流动性最强、最活跃的部分，因此对它的管理是企业营运资金管理中的重要一环。

应收账款是企业对外赊销产品、材料、供应劳务等应向购货或接受劳务单位收取的款项。商品与劳务的赊销已成为当代经济的一个基本特征，激烈的市场竞争迫使企业提供信用业务，以此吸引顾客、扩大销售规模。但另一方面，由此形成的应收账款，增加了企业的经营风险和持有成本。因此，应收账款管理的目的就是要权衡利弊，采取科学有效的措施，在不影响企业销售规模的情况下，减少应收账款持有成本、降低资金占用、避免坏账损失，保证应收账款的流动性，追求更高的企业效益和企业价值。

存货是企业在日常活动中持有以备出售的产品或商品、处在生产过程中的产品、在生产过程中或提供劳务过程中耗用的材料和物料等。在企业的持续生产和经营期间，存货总是处于一个不断销售、重置或耗用、补充的过程之中，它是企业流动资产主要组成部分，具有较强变现能力。存货是联系企业产、供、销三个经营阶段的纽带。企业存货的变化同生产经营过程的递进有着极为密切的关系。持有充足的存货，不仅有利于生产过程的顺利进行，节约采购费用与生产时间，而且能够迅速地满足客户的各种定货需要，从而为企业的生产与销售提供较大的机会性，避免因存货不足带来的机会损失。但同时，也会产生相关的持有成本，影响企业获利能力的提高。因此存货管理要权衡存货的功能与成本，以最小的存货资金占有促进生产经营过程的递进，将存货控制在最佳状态，以加速资金周转，实现最佳经济效益。

营运资金管理的主要研究对象包含流动资产和流动负债，这两项对象涵盖的项目较多，因而不仅变化较多且无规律，而且相互之间的结构不简单，因此要把结构性理念导入到营运资金管理中。营运资金管理的结构理念是非常与众不同的，它需要我们在公司营运资金管理中不仅要关注营运资金内各项目的结构关系，而且要求关注营运资金与其有联系的资金的结构比例。如果公司不能加强对营运资金的构成管理，不能对流动资产和流动负债的比例关系进行合理的协调，就会使得营运资金管理陷入困境，从而使公司的经营活动遭受损失。

营运资金的构成管理主要是要管控营运资金各个部分的比例关系。营运资金的比例结构关系主要包括长短期资产、长短期负债、流动资产与流动负债、流动资产内部与流动负债内部等多方面的比率关系。

我们可以看出，营运资金的结构管理经过分析资产和负债项目的比例关系，便于获利和风险两方面。这对于公司合理规划筹集资金的来源，降低财务风险和经营风险具有积极效果。在公司营运资金管理中要冲破成本、收益、风险三种理念，将结构理念引入其中，这样对于公司提高营运资金管理水平，降低公司财务风险水平与经营风险水平，提升企业竞争实力具有非常积极的效果。

鉴于当前市场竞争的白热化以及营运资金在经营管理过程中的重要地位，其体现出来的价值对于企业已是不言而喻，所以，如何对营运资金展开针对性的管理工作是企业当下亟需解决的问题。从营运资金的概念出发，我们可以看到营运资金的管理主要包括对流动资产以及流动负债的管理，一般情况下在流动资产包含的内容里面以货币资金、应收账款、存货为代表的项目占流动资产的比例最高，对流动资产周转速度影响也最大，所以将货币资金管理、存货管理、应收账款管理作为流动资产里面重要的管理项目；流动负债的管理，主要包括短期借款、应付账款等作为主要的管理项目。以下选取具有代表性的项目，具体内容如下：

（1）货币资金的管理

在营运资金的所有构成项目中，货币资金流动速度快，活跃程度强，所以在营运资金管理中，货币资金部分被列为重点管理项目，对于这部分的管理主要做到兼顾安全性和收益性。

首先是保证货币资金的安全。所谓"安全"，第一要务就是要对这一部分所占用的资金数量进行合理分配，留有适量的货币资金，保证企业的日常经营过程中能够满足对资金的需求。如果企业出现巨大的资金缺口，又难以及时补上，对于企业将是一个灾难性的结果。

其次是保证经营活动的正常开展。不管是哪一类型的行业，从事何种生产，都需要货币资金来维持各种支出、费用、开销，资金缺乏就会导致经营出现停滞，举步维艰，所以货币资金的管理对于企业经营的重要性是不言而喻的。

再次是保证企业的收益。货币资金本身是不会产生任何效益，所以企业如果持有的货币资金量过大，就会导致企业失去投资机会，增加机会成本和管理成本，反而导致了企业效益的减少。所以，企业要确立最优的货币资金持有量，降低机会成本等相关成本，增加资金的收益。

（2）应收账款的管理

应收账款是企业以赊销的形式对外提供产品或者劳务而形成的一种债权。通过应收账款企业可以在竞争激烈的市场上赢得更多的客户，占领更多的市场，增加账面收入。但是应收账款对于企业来说是一把"双刃剑"，使用不当就会伤己，一旦应收账款上沉淀的资金过多，企业资金流动就会受限，加大财务风险，所以应收账款的管理对于企业来说十分重要。

首先，企业要从所处的行业出发，结合行业的特点、自身当前的经营状况水平以及目前的经济形势，制定信用管理制度，包括制定适用的信用评价标准，严格把好客户的信用关；其次确定应收账款可承受度，结合当前企业的经营状况，确定应收账款的可承受范围，将应收账款纳入企业可控制的范围内；再次应收账款的回收，应收账款产生后，要对应收账款及时跟进，做好应收账款账龄分析，加强信用监督。

（3）存货的管理

存货的管理，需要企业把握好管理的"火候"，具体就是存货如果储备充足可以保证生产经营的持续顺利进行，满足企业在生产过程中对于存货材料的需求，但是存货量一旦过量就会挤占资金的空间，流动资金不足，同时造成资源浪费；如果存货量过少，则难以满足企业的经营需要。所以，企业需要确定最佳的存货持有量。

五、营运资金管理的目标

在现代企业财务管理中，营运资金管理是主体部分。确定营运资金目标，须与其整体财务目标保持一致性。营运资金以实现企业经营价值最大化为根本宗旨，其目标在于保障企业对流动资金的科学化、合理化使用；提升企业营运资金的运用效率、周转速率等；保证企业经营行为整体性盈利。适应市场发展环境，企业都十分重视营运资金的管理。营运资金管理的内容，因视角不同存在一定差异。从管理对象视角来看，营运资金管理内容有流动资产管理、流动负债管理、流动资产与负债协同式管理；从工作流程视角来看，营运资金管理主要集中在事前营运资金管理、经营营运资金管理和时候营运资金管理三个方面内容上。本研究将从管理对象差异入手，划定营运资金管理内容，主要可分为货币资金管理、应收账款管理、存货管理以及流动负债管理。货币资金管理为核心环节，主要内容有货币资金流动性管理、安全性管理；应收账款管理，主要是对应收账款成本、收益的平衡行为；存货管理主要是指存货的充足性保证、存货费用的合理化保证，以此来提升顾客满意度，提升企业整体收益；流动负债项目管理是指企业在非长期融资时，借助流动性负债来间接推高经营收益。不过流动性负债对偿债的时效性要求较高，这也使得企业在经营同时，承受的偿还压力增大，由偿还压力而带来的风险也直接作用于其行业信誉。

具体来说，目标可以细化为：

（1）保证企业的偿债能力

企业的债务分为长期负债和短期负债，特别是短期负债对于企业的整体形象和信誉有着至关重要的影响，企业是否具备足够的能力来偿付即将到期的短期债务，不仅涉及企业的信用问题，更为关键的是对企业的生存和持续经营也将产生深远的影响。目前主要采取流动比率、速动比率和净营运资金作为评判一个企业是否具备偿还短期债务的能力，并且比率的大小与偿债能力的强弱成一种正相关的关系。企业留存适量的营运资金不仅可以满足经营发展的需要，而且可以使企业降低不能偿还债务的风险。

（2）保持合理的资金结构

企业在各个阶段的生产经营状况并不相同，对于资金的需求也就各不一样，资金在各个环节的分配也就各有差异，是否拥有一个合理的资金结构来满足企业每个阶段对资金的需求，是企业经营的前提。营运资金作为企业流动性最强、最为活跃的一部分，贯穿于企业的整个生产经营过程，所以营运资金管理的目标之一就是要保持资金的结构合理。

（3）提高企业的盈利能力

盈利是企业生存发展的大前提，也是企业在竞争激烈的市场环境中保持竞争力的有效手段。良好的营运资金管理，可以在流动资产与流动负债之间形成快速转换，提高营运资金的使用效率，从而获取更多的利润。然而，应收账款、存货等在营运资金当中并非以现金形态存在的，如果以这两项为代表的项目在营运资金的结构中所占比重较高，由于难以收回或者变现，营运资金的周转会出现停滞，使企业面临资金链随时断裂的风险，营运资金能否快速良好地运转将会对企业的盈利产生重大的影响，所以应该加强应收账款和存货等的管理。

六、营运资金管理目标及指标评价依据

营运资金管理是企业财务管理的重要组成部分，它最终目标是遵循企业整体的财务管理目标，即企业价值最大化。通过有效的营运资金管理，可以使营运资

金在充分满足生产经营活动正常运转的基础上，保证企业财务的安全性，同时保证企业资金充分的流动性，一方面使企业得以维持正常生产经营、保持良好的偿债能力，另一方面可以加快营运资金周转速度，努力实现更多且稳定的利润及现金流量，以降低经营风险。

简而言之，企业营运资金管理的目标就是保证营运资金的安全性和流动性，不断提高营运资金的利用水平和周转能力，提高企业的整体盈利能力，有利于企业价值最大化目标的实现。

安全性主要是指企业在生产经营过程中偿还短期债务的能力。如果企业在生产经营过程中保留足够多的流动资金，就能够按时偿还到期债务、避免财务风险，但会使得企业的营运资金持有成本增加、收益降低。相反，如果企业保留较少的流动资金，就存在到期不能偿还债务的风险。因此，保留多少比例的流动资金是企业对风险和收益进行权衡的结果。

衡量安全性原则的主要指标有：流动比率、速动比率、现金比率。一般情况下流动比率越高，短期偿债能力就越强，表明企业有较多的营运资金来偿还短期债务。但从企业的角度来看，流动比率越高，说明企业流动资产上占用的资金越多（特别是存货和应收账款过多，流动比率就越高），则说明企业未能有效利用资金，影响企业的获利能力。速动比率表明每1元流动负债有1元变现能力较强的速动资产进行偿还，短期偿债能力就得到保证。速动比率过低说明企业短期偿债能力风险较大，过高说明企业在速动资产上占用的资金过大，增加企业投资的机会成本。现金比率是速动资产扣除应收账款后的余额与流动负债的比率，最能反映企业直接偿付流动负债的能力。现金比率一般认为25%左右为好，一旦现金比率过高，意味着企业流动资产未能得到合理运用。

这些指标以资产负债表和现金流量表为依据，在一定程度上揭示了以流动资产偿还到期债务的可能性与现实性。其中：

流动比率 = 流动资产 / 流动负债

速动比率 = 速动资产 / 流动负债

现金比率 = 货币资金 / 流动负债

流动性主要是指营运资金在生产经营过程中的周转速度与周转效率，主要用周转率和周转期来衡量。周转率是指一定数量的营运资金在一个营业周期（一般指一年内）周转的次数；周转期是指一定数量的营运资金在一年内每隔多长时间周转完成一次。企业营运资金管理的一个重要目的是提高营运资金的利用效率、加快其周转速度。在企业利润率一定的情形下，使企业获得更大的利润。本书通过以下指标来反映企业营运资金流动性：应收账款周转期和存货周转率周转期。其中：

  应收账款周转率＝业务收入／应收账款余额

  应收账款收账期＝360/应收账款周转率

  存货周转率＝销售收入／存货余额

  存货周转期＝360/存货周转率

七、企业营运资金管理案例的研究

在营运资金管理研究理论以及实务理论持续完善条件下，营运资金管理工作在经济活动中的地位愈加突出。学者们开始从不同行业入手，利用理论和实证的方法，对营运资金管理进行了更加深入的研究。

肖洪（2012）基于渠道理论，利用主成分分析方式，将房地产上市公司作为研究对象，总结哪些因素能够对营运资金管理工作开展产生一定影响，结合存在的实际问题，有针对性地提出了相应解决方案。

孙莹，朱莹（2013）从营销以及生产渠道方面入手，进行绩效综合评估，参照青岛啤酒所实施的具体管理方案，对营运资金管理的特殊之处进行全面阐述。

王贞洁，李静（2014）强调，医药制造企业需要在产业链上游进行研发链以及采购链的设计，中游主要推进制造链业务发展，下游则以流通链建设为主。

王秀华（2015）利用案例，研究如何对农业类企业渠道管理方案进行调整，利用科学发展模式，共同为满足销售渠道管理需求打下坚实基础。

唐诗韵（2016）在研究阶段内，选取机械公司作为研究对象，尝试从营运资金管理方面入手，对其自身存在的不足之处进行全面评估，而且引入渠道管理模式，在总结自身所具备的优势条件基础上，提出相应发展建议。

杨海燕、王伊（2017）将研究重点集中在零售行业范围内，针对2005年到

2014年的数据进行研究，了解零售业上市公司资金管理工作开展的实际状态。并将华联综合超市作为研究主体，总结其所开展的营运资金管理活动发展水平，分析自身承担哪些风险压力，最终通过优化策略制定，达到最佳发展状态。

宋书香（2018）选择重型汽车制造企业作为研究对象，全面分析其在采购渠道绩效方面的具体表现，并表示通过打造长期稳定发展关系，确保采购渠道运作效率得到全面增长。

洪丽君、侯艳（2018）针对古井股份公司进行研究，并尝试从更深层次角度入手，构建完善的绩效评估机制，同时分析了其所开展的营运资金管理活动，表示三方面因素导致货币资金存量处于持续提升发展状态。

八、营运资金管理的策略

高水平的营运资金管理应该采用一种行之有效的、可以权衡资金风险与获利的策略。营运资金管理策略涵盖营运资金所有内容，不仅包含流动性资产负债各自的比例关系，而且包含两者相互间的总体比例关系。根据本书的角度分析，营运资金管理的策略包含营运资金持有策略和营运资金筹集策略两种。

在营运资金的持有策略中，营运资金包含公司的全部流动资产，分析其占全部资产的不同比率，进而对于资金的获利水平和风险水平的不同影响。基本上来说，流动资产与长期资产相比较，其获利能力要低，但抗风险水平要高。根据分析流动资产占全部资产的比率差别，应该把营运资金持有策略划分为宽松型、适中型以及紧缩型。三种不同的持有策略相对应的企业资金的盈利能力和风险水平是不同的，比如在盈利能力方面，宽松型相对于紧缩型和适中型都要低，但在抗风险能力方面，紧缩型、适中型则都要低于宽松型。根据财务管理理论来看，适中型的持有策略更加能够满足实现公司价值最大化的经营管理目标，但是企业在实际情况中并不能准确地制定适中型持有策略，因而公司应该根据自身的经营情况和客观经济环境，根据财务管理相关原则，合理配置营运资金存量。

营运资金按照时间特点，可以分为临时性资金、永久性资金和负债，而营运资金的筹集策略就是要权衡其在以上三方面之间的来源比例。根据临时性资金、永久性资金和负债三者之间比例结构不同，可以把营运资金筹集策略分为激进型筹集策略、配合型筹集策略和保守型筹集策略。与营运资金持有策略相似，三种营运资金筹集策略所带来的营运资金的盈利能力和风险水平也是不同的，激进型筹集策略相对于其他两种而言，营运资金的收益水平要高，但抗风险能力就比较低，不利于降低公司的风险性。因此公司应尽可能制定配合型筹集策略，使得营运资金的风险性和获利能力得到平衡。

根据财务管理理论，我们可以知道风险与收益均衡的基本理念。因而权衡盈利能力与风险性是选择营运资金管理策略的重点。根据上面对于营运资金管理的两种策略进行阐述和分析，可以了解到配合型策略是最符合风险与收益均衡理念的。公司高层人员要制定符合公司情况的营运资金管理策略，不仅应该考虑公司的投融资政策、营运资金使用计划等内部条件，还要持续关注公司外部经济形势的变化，将企业内外部的影响条件结合考虑。公司要权衡流动性资产负债在营运资金中的结构比例，合理确定一个净营运资金存量，使营运资金能够在满足安全性的基础上，花费最少的资本成本获得最高的利润。由此可见营运资金的持有和管理对于公司而言是非常重要的，一方面对于公司的盈利水平有一定作用，另一方面还直接影响了公司的生存。

在对策方面，需要关注：

（1）适量的营运资金对策。在此对策下，企业留有适当的营运资金持有量来满足企业的需要，这要求企业对未来的流动资产、流动负债变动情况有一个准确的预判，但是由于外部的经济环境随时变化，企业要使自身情况和大环境相适应就很难做到准确预判，企业只能在一个合理的范围之内，预判最佳持有量水平。

（2）激进的营运资金对策。在此对策下，企业的营运资金持有量并不高，此时流动资产的各个项目处于较低的比重，资金不会形成闲置，流动速度较快，但是支付能力就会受限，经营风险较大。

（3）保守的营运资金对策。在此对策下，企业为了规避不能偿还到期短期负债的风险和保持足够的支付能力，持有较多的营运资金。但是由于资金本身不具有收益性，这样会造成资金闲置，削弱了企业的盈利能力。

第四节 营运资金管理绩效评价理论

一、绩效评价理论概述

（1）营运资金管理绩效的影响因素

传统的营运资金概念分为两种：狭义的营运资金和广义的营运资金。狭义的营运资金概念是从一般财务的角度定义的净营运资金，是企业所拥有的流动资产减去流动负债的差额；而广义上的营运资金概念则是从资金的外在营运形态来看的，流动资产所占用的所有资金，不仅包括企业在某一时点所持有的各类存货资产，而且还应该包括应收账款、预付账款、现金以及有价证券等所有流动资产，并且广义的营运资金还反映企业在某一时点资金的流动性和资金的周转情况。所以，根据它的定义，我们不难看出企业营运资金所呈现出的两种不同的占用形态——流动资产和流动负债。二者都是企业日常经营的周转资金，但一个反映的是正向的流入，另一个则反映反向的流出。这种以企业自身的资金流为基础的净营运资金指标，可以用来评估企业财务风险和反映财务资金流动状况。

无论是从何种角度定义的营运资金，对营运资金的管理研究都应该从管理流动资产和流动负债出发。营运资金的管理如果只是单纯地强调流动资产与流动负债的差额就会失去管理的意义，因此对营运资金管理研究中还要重点关注研究流动资金的来源。

随着经济的发展，投融资业务已经成为企业重要的经营活动内容，因而王竹泉等学者于2007年提出了新的营运资金的分类方法，从企业经营管理的角度，将营运资金重新分类为经营活动营运资金和理财活动的营运资金。经营活动营运资金仍然是企业营运资金管理的最主要部分，通过加快这部分的资金流转速度，可以有效地提高企业的获利能力。按照其与供应链或者渠道的关系，又可以将其细分为采购环节营运资金、生产环节营运资金和销售环节营运资金。

良好的营运资金管理可以使企业一方面留有适量的营运资金，使企业得以正常运转的同时保证企业具备及时偿付短期债务的能力，降低企业的财务风险，保证资金的安全运营；另一方面，营运资金不仅可以快速流动，而且变现能力强，促使企业可以获取更大的利润空间。

安全运营指标主要通过流动比率、速动比率和现金比率来进行评价，这些指标可以反映企业当前流动资产是否可以偿还流动负债。

流转效率指标主要通过应收账款周转率、周转期以及存货周转率、周转期进行评价，反映企业当前营运资金的流动速度。

Gill 等（2015）研究发现。家族企业股东的变动有利于企业营运资金管理绩效的提升。Goel 等（2015）发现负债比率、销售增长率、盈利能力、固定资产占比、企业组织规模、企业成立年限等内部因素会影响营运资金管理绩效，而且受金融危机影响，营运资金管理绩效正在经历很大变化。

谢海娟、刘晓臻、王新闪（2016）研究发现，营运资金管理效率与内部控制有效性具有显著的正相关关系，具体表现在企业性质与地区分布两个方面，国有控股上市公司相较于实际控制人为非国有的上市公司而言，营运资金管理水平受内控有效与否影响更大。依东部、中部、西部排序上市公司所在地，东部地区公司资金管理受内控影响显著性最大，其次为中部、西部递减。韩沚清、张常青、杨军（2017）从企业价值最大化角度出发，提出基于价值链视角与"价值链投入资源耗费观"来审视营运资金管理绩效的影响因素与评价体系。吴娜（2017）等基于我国制造业上市公司 1999—2013 年的平衡面板数据，证明了市场化进程与创新投资均能显著提高营运资本向最优水平的调整速度，并且低市场化进程下营运资本受资金创新性的调整推动作用更强。

（2）单一评价指标

营运资金绩效评价最初的代表性指标便是"现金周转期"，Hager（1976）认为现金周转速率快慢体现了企业资金营运能力优劣。Richard & Laughlin（1980）通过计算存货与应收账款周转期之和再减去应付账款周转期的差额来作为现金周转期标准。Gentry、Vaidyanathan 和 Lee（1990）则以加权现金周期指标来修正现有的现金周转评价指标。1991 年，评价体系发展进阶到"营运资金生产率"这一指标，着重于投入资金到产出销售净额效益的结果，BCG 提出该指标正式对先前营运资金周转期指标为主的阶段画上句号，创新提出应从管理效果出发，而非单一关注过程性。Stewart（1995）提出的现金流量周期基本思想是通过统计单位货币从投入采购生产到客户支付回笼的平均时限，以此用作评测企业营运资金绩效的一种重要工具和手段。现金流量周期模型涵盖的业务流程，不仅包括价值链基础活动如基础设施、技术开发、采购等，也覆盖到生产经营、内外部后勤、市场营销等支持性活动。Jose 等（1996）、Deloof（2003）、Lazaridis 等（2006）为探寻公司绩效与现金周期显示正或负相关，分别选取美国、比利时及雅典证券交易市场中公司作为样本，研究结果验证了负相关的假设。

刘彩霞、缪艳娟、杨雄胜（2000）等人针对现有应收账款周转率、存货周转率指标难以反映流动资产营运效率不足的问题，提出将周转率替换为平均占用期指标，其中为全面分析存货管理效率，根据生产过程特定时点将存货平均占用期划分为三个部分，分别是初始形态的材料平均储存期、投入生产流程的在产品平均生产期，以及生产出库的产成品平均库存期。

（3）基于渠道的评价指标体系

Hofmann 等（2010）的研究指出，基于渠道视角构建系统的营运资金管理绩效指标体系顺应供应链整合发展态势，可以弥补单个企业要素管理绩效变动难以反映供应链整体价值增减的缺陷，全面提升整个供应链的价值。

王竹泉（2007）在上市公司营运资金调查中指出，企业活动主要涵盖经营、理财、投资三大类，而材料采购、产品生产与销售推广构成了经营活动的主体内容，依据渠道理论可以建立完整的营运资金绩效评价体系，推动了停滞不前的单要素营运资金管理研究。王竹泉、张先敏（2012）改进了王竹泉（2007）设计的营运资金管理效率评价"渠道观"下只考虑流动性，没有将盈利性纳入评价范畴的不足，重新增加了营运资金利润率指标来描述各渠道营运资金盈利性。通过对采购、生产、营销渠道增值额的计算来判断企业营运资金盈利状况，指导企业逐步分析内部作业流程、降低不增值作业占比、保留并完善附加值高的作业。张先敏、王竹泉（2014）实证分析得出虽然商用信用融资延长了付款缓冲期，但是却动摇了与供应商的信任基石，长远来看不利于企业与供应商建立互利合作关系，也不利于营运资金管理绩效提升。

（4）各行业营运资金管理绩效研究

王竹泉（2009）通过调查发现，2008年是我国上市公司资金效益普遍恶化的一年，但金属业却在近三分之二绩效走低的行列之外，并表现为上升态势。刁伍钧、扈文秀（2011）发现白酒行业上市公司如若采用繁杂的资产组合策略与高昂的利息率，相应的营运资金管理绩效也会持续走低，主要由于存货增长与应收账款周转期延长。王竹泉、王秀华（2012）证实了经营性营运资金管理绩效与业务流程再造密切相关。张云际（2012）以批发零售行业为对象，通过对在沪深市上市的A股非ST批发零售企业营运资金管理效率指标进行计算发现，生产活动资金效益并不佳，表现优异的集中在理财活动与经营活动下的采购、销售流程资金占用上。王竹泉、王贞洁（2014）发现，受金融危机影响，电子信息产业上市公司营销活动占用大量资金来提高市场占用率却收效甚微，导致整体营运资金管理绩效普遍下滑，其中高度外向型公司却得以维持良好的营运资金周转成果，主要得益于对生产活动资金运用的划分归集，以较低的成本收获较高的利润。秦小莉（2016）从戴尔的商业模式出发，发现其直销的商业模式提高了预付款的比例，降低了营销渠道营运资金的占用，与供应商建立的长期合作关系提高了采购渠道营运资金管理绩效，企业内部推行BPI项目提高了内部生产效率，降低了生产渠道营运资金的占用。王乐（2017）将视线聚焦于电力行业上市A股公司在2010—2015年的资金效益表现，利用实证数据分析其采购、生产、营销三渠道的营运资金占用情况。研究发现，电力企业资金效益上升主要源于采购渠道资金周转加速，而显著的非线性倒U关系则体现在生产活动资金占比与电力企业绩效高低二者的相互关系上。

二、财务共享与营运资金管理的相关性

国内学者对于财务共享服务之一组织形式与营运资金管理的影响研究为数尚少，近几年才开始有所涉及。汪亚君（2012）认为资金管控成效是财务共享服务中心核算应关注的重中之重，从电信企业财务共享运营实践出发，基于其内部会计控制大框架之下分析资金管控存在的难点，并为电信业如何取得资金监管效果提出实际可操作的措施建议。徐纯（2016）提出在大数据时代背景之下，应当

从控制环境、财务共享服务意识强化、强化应收账款回收、加强资金结算等方面，充分做好财务共享中心下营运资金管理的工作，以期提高资金使用效率。余敏（2016）以中铁二十四局为例，结合企业实际分析了财务共享在施工企业资金管理中的应用，认为加强财务流程管理、提高资金管理信息化水平与强化财务人才团队建设可以增强财务共享中心平台发挥效用，促进企业资金管理绩效。万家盛（2016）通过对德力西电气营运资金管理中账户设置、收支的风险进行研究，提出了建立云会计下基于财务共享服务的营运资金管理流程，从预算、控制、监督、考核层面依照业务流程进行管理创新。金灿灿、王竹泉、王海龙（2017）研究发现，营运资金管理绩效在财务共享发展的不同时期表现不同，并呈现持续上升的态势。通过前期业务流程重塑，集团资金流通渠道得以疏通，标准化的财务流程效率得以提升，资源整合带来的企业资金流、信息流加速传输，营运资金管理绩效在各方作用下稳步提升。刘丽莉（2017）以企业集团财务公司为切入点，认为将共享中心对接已有的财务公司资金管理职能，可促进实现集团资源的有效利用及财务、资金管理的系统提升。

三、基于要素的营运资金管理绩效评价

基于要素的营运资金绩效评价，指在针对各要素即流动资产和负债项目进行分析的基础上，把握企业资金运营的大致情况，找出影响资金周转的关键因素，以营运资金周转期作为整体绩效的评判标准。通常，针对各要素的绩效评价主要采用周转期和周转率这两类指标，计算简单便于理解，且能够为企业加速资金周转指引方向。

涉及的营业收入是利润表反映的数据，涉及的具体项目都是资产负债表中期初和期末数的平均余额。营运资金周转期反映了企业将现金投入生产，变成实物资产，最后又以现金方式收回所需的时间。

四、基于渠道的营运资金管理绩效评价

Kenneth P.Nunn（1981）奠定了基于渠道视角的营运资金管理理论基础。他通过持续开展研究活动，最终发展企业的产品策略、市场地位、行业背景等因素

都会对营运资金管理工作开展产生一定影响作用。所以，打造科学的营运资金管理策略，必须综合考虑行业背景和企业的发展战略等。

拉富斯（1996）提出，如果考虑渠道建设，则营运资金管理研究明显领先于企业资金优化管理方面的研究。

Juan Colina（2002）也提出需要考虑业风险与战略背景对营运资金管理进行分析，该部分结论往往直接影响企业财务数据以及渠道成员关系等。在其看来，以渠道为核心，开展企业营运资金管理活动，对应阶段内，生产、采购、销售渠道以及成员关系等都会发生明显改变。

1995年后，研究领域针对渠道管理理论的研究，将关注重点集中在关系与联盟方面。泰勒（2011）认为充足的现金流对于处于发展阶段的公司来说，是保障业务快速发展的重要条件。企业需要利用闲置资金开展品牌建设活动，同时与渠道成员达成长期合作关系。为了降低资金占有率，企业必须适当提升应收账款管理强度。Etiennot（2012）等研究人员表示，之所以开展营运资金管理活动，最终目的是帮助企业做出更为科学的投资以及融资方案，管理人员在进行资金筹集时，必须将经营性需求等因素考虑其中。Xavier.N.F（2013）在研究过程中发现，只有持续提高企业资金管理水平，才能够确保企业综合竞争能力得到全面增长。对应阶段内，无论营运资金过剩还是营运资金紧缺，都不利于企业发展目标最终实现。合理进行营运资金持有量规划，使资金规模能够保持在科学范围内，这样才能够避免资金管理效率得到全面增长。ThorstenKnaue（2013）表示，营运资金管理效率往往会对导致企业市场发展方向发生明显改变。

21世纪，我国打破传统思维模式所产生的限制作用，利用渠道管理方法，最终形成了创新营运资金管理思路。王竹泉等（2005）研究人员第一次将营运资金管理与其他学科理论全面结合在一起，利用整合渠道、客户关系、供应链以及营运资金管理等角度，从最近视角对营运资金管理关注重点进行调整。她将理论与实践的研究相结合，最终对营运资金类型进行全面划分，其主要包括经营以及理财活动两种资金类型，同时以渠道管理为核心，完成最新的资金管理框架建设。

曹玉珊（2015）表示，营运资金管理应当优先从"全渠道"角度考虑问题，企业所开展的暗部财务活动都是为了实现创收目标。

钱枫（2017）表示，将中小企业作为研究主体，针对企业运营资金系统的各个单位所形成的发展属性进行深入探究，并完成优化管理方案制定任务。

刘欣（2017）表示，开展营运资金管理活动，从房地产企业发展角度来看，需要将供产销活动与营运资金管理有效结合在一起，在持续提高管理效果条件下，避免自身承担巨大经营风险压力。

王凡（2007）以渠道理论为核心，对营运资金项目类型进行有效划分，其中，与经营活动相关的会计科目全部纳入经营活动营运资金管理范畴；而与筹资投资相关的会计科目，则纳入理财活动营运资金体系内进行管理。此外，结合采购、生产和销售等经营环节涉及的财务核算科目实施经营活动营运资金的种类划分。打造健全的营运资金管理绩效评估体系，同时为开展营运资金管理活动创造良好前提条件。

王竹泉，张欣怡（2011）以渠道理论为核心，为健全营运资金管理系统做好充分准备：首先，对以渠道为核心的管理理念进行有效培养；其次，为实现营运资金管理目标不断努力，而且持续进行供应链优化设计；再次，对客户需求进行跟踪调查，真正实现无缝对接目标；最后，打造科学的营运资金管理绩效评估体系，同时使信息系统效率得到全面提升。

中国海洋大学企业营运资金管理研究课题组（2016）从多个角度入手，针对2015年国内上市公司所开展的营运资金管理活动进行深入探究。

韩泹清、张常青（2017）从横向以及纵向两个方面入手，对营运资金管理绩效评估效果进行全面总结，尽可能从价值链视角考虑问题，为最终研究目标实现做好充分准备。

王乐（2017）参照2010—2015年间电力商业A股上市公司的发展数据，从三个维度方面入手，对营运资本效率与企业经营绩效关系进行全面研究，最终表示渠道周转期越长，企业绩效水平也会明显提升，而且生产渠道周期与绩效之间呈现显著的倒U型关系。将渠道理念融入营运资金管理，填补了要素层面资金管理的缺陷，使得企业营运资金管理与业务流程紧密结合，是营运资金管理的重大成就。

基于渠道的绩效评价方法将更多的营运资金项目纳入评价范畴，客观反映了各渠道项目之间的关联性，有利于企业把握各渠道资金运营的整体状况，有效规避局部分析和整体目标相冲突的状况。该方法不但可以找出企业薄弱的渠道管理环节，还能深入分析渠道中的具体项目，进而有利于企业针对性地提出优化方案。

五、闭环式营运资金管理绩效体系

根据渠道理论的营运资金分类，发现营运资金存在闭环式的循环路径：渠道营运资金与现金流量存在紧密联系，经营性现金流量既是资金营运的起点又是资金营运的终点，资金流转构成了完整的闭环体系。建立新型闭环式营运资金的绩效评价体系，将经营性现金流量纳入渠道营运资金范畴，是对渠道营运资金管理的一种扩展。

其中，各渠道营运资金变量中涉及的项目与渠道营运资金管理理论对应的科目一致。运用营运资金投入产出比可以准确衡量营运资金循环过程中，资金增值的情况。

综上所述，目前国内学者对于营运资金管理理论的研究仍处于初步阶段，存在一些不足之处。首先，案例与实证研究较为欠缺。其次，对于营运资金的行业研究比较单一，主要集中在制造业与零售业，应当与更多的行业进行有机结合。

第五节 供应链管理理论

一、渠道理论

（1）渠道

渠道是商品或服务从生产者向最终消费者流转过程中所经历的全部路径。在渠道管理之下，交易程序得到了适当地简化，渠道上各成员之间的联系更加密切，从而有利于降低沟通及分销成本，加速商品流通。渠道管理主要从结构、行为及关系三方面展开。

渠道结构研究着眼于效率和效益的提升。一个良好的渠道结构是对渠道成员的一种恰当组合，有利于解决渠道成员之间的衔接问题，进而达到提高资金使用效率的目的。渠道结构优化就是在充分考虑渠道成员属性的情况下，选择适宜的渠道层级，进而压缩商品的流转时长，降低各环节对资金的占用，进而提高整体绩效。

渠道行为围绕组织中的权力和冲突，分析渠道成员建立联系涉及的一系列举动。如何有效利用渠道权力去解决成员之间的冲突、促进成员之间的密切合作是渠道行为探讨的主要问题。合理的权力分配不但有助于渠道冲突的减少，还能推动渠道成员间的合作，从而促进渠道成员的价值增长。

就市场产品流通而言，很多时候产品生产商和产品需求者之间的联系并不是直接的。沟通渠道的存在，简化了客户与生产企业间的互相讯问流程。借助于渠道，客户能够购买自己所需要的产品或者服务，同时企业可以借助于这个渠道，将所生产的产品提供给消费者。很多情况下，如果企业所生产的产品类型比较多，则所需要的渠道也就多，这样才能够实现产品的有效销售，渠道在这个过程中扮演着类似桥梁的作用，实现产品从生产者到需求者的提供。另外，渠道的建设还能够产品价格战的发生，提高资源利用效率，渠道还能够提供更多服务与产品，实现自身价值的提升。

爱德华·肯迪福提出"路径说"，提出产品从研发到送至消费者手中，中间涉及的所有路径全部属于渠道管理范畴。综上所述，我们可以将渠道理解为业务发展阶段内途径的所有路途，比较典型的包括采购、销售、生产路径等。渠道管理主要涉及结构、行为以及关系三方面内容。

（1）渠道结构

渠道管理的核心就是渠道结构的探究。结构要素、设计和转变是渠道结构的研究的重点。渠道结构管理是通过对横、纵两个方向实现渠道结构优化，从而达到效益最优。

（2）渠道行为

渠道成员运用其在渠道中的谈判能力和权利影响影响渠道管理中各种冲突与合作行为。渠道权力可以分为以下两种：一种是强制性地做出规定，这种方式容易引起渠道矛盾；另一种是非强制性地，通常能带来较好的渠道协作，如提出奖励政策。

（3）渠道关系

渠道成员之间的配合情况可以反映出渠道关系。这种配合能够在企业内部以及外部关系中有所体现，同时，在多部门人员共同合作下，保持良好沟通关系。为了保障企业的核心竞争力，需要构建更优的渠道关系而关系与联盟是渠道关系研究的重点。

从渠道管理角度来看，营运资金分为经营活动和理财活动两种类型，而且经营活动还可以进行更为详细地划分。

（2）渠道关系要素及管理

所谓渠道关系，指的是产品在被交易的时候，产品生产者、提供中介服务的群体以及消费者等利益协调关系，给这种关系带来影响的因素常见于依赖、权利、冲突以及承诺和信任。渠道关系要素管理上，所管理的内容便是这些要素，实现要素之间的协调。

结合渠道关系要素，将这些形式加以组合，构建成渠道关系模式，这些关系模式主要包括三种，分别是一体化、半一体化的渠道、规范关系为核心的渠道，以及常规产销关系为核心的渠道。三种渠道关系中，内部成员的权利、信任和依赖属于渠道中最关键的因素。

随着互联网经济的快速发展，客户关系管理理论得到了理论界和实务界的不断重视。消费人群逐渐成为管理者关注的重点，企业客户价值的达成，主要通过不断完善产品及服务，以满足消费者需求来实现。客户关系理论遵循以客户为导向的原则，通过建立优良的客户关系，收集并处理客户反映出来的问题，帮助企业进行管理优化。

在该理论中，"客户"不仅包含产品的最终购买方，还包括流转环节中涉及的分销零售等其他外部客户及公司职员等内部客户。外部分销零售商等客户的交易体验，在一定程度上直接决定企业产品销路及市场占比；内部客户归属感的提升，有利于促进企业市场价值的增长。两者同步提升，有助利润最大化的实现。

该理论主要包含客户知识和核心客户管理两大板块，客户知识管理借助数据分析，制定专门策略以满足客户需求及实现企业发展。核心客户管理即各类客户区别管理，针对性和有效性较强，利于实现效益最大化。总之，客户关系的好坏直接影响了企业经营管理的效果，企业需强化对客户关系的管理。

渠道关系是渠道成员之间的战略联盟及合作状况。其不仅包括企业各部门间的协作关系，还涉及与外部利益相关者之间的关系。结合自身业务特征及战略目标准确定位企业在渠道中的位置，并尽可能掌握更多的资源是维持良好渠道关系的关键。企业可以通过建立良好的渠道关系，充分利用渠道成员之间的共享资源，借助外部协作来增强实力，进而实现提升经济效益的目标。

渠道管理的研究逐渐倾向于对如何处理渠道关系的研究，但作为企业的渠道管理应该将重点放在协调渠道结构、行为和关系上。通过结合企业所处的行业、业务特征及自身实力等因素，运用渠道管理方法构建合理的渠道结构，强化成员之间的合作行为，减少冲突行为，维持良好的成员协作关系，从而实现渠道管理的优化，企业竞争力的提升。

（3）主要渠道关系模式之成本效益

结合理论进行分析，渠道的产生、产品生产者和产品消费者之间的关系更加密切，降低交易成本，同时不再需要大量的营运资金。但是需要认识到，不同渠道之间成本效益也不同。

对于常规产销关系所构建的渠道模式而言，可以从传统的角度上进行分类，渠道有三种，分别是生产企业渠道、批发商渠道和零售商渠道。企业在进行渠道利用上的时候，会对渠道的成本和收益进行分析，选择能够给自己带来效益最多的那个渠道，这种交易属于短期性交易模式，产品供应方和需求方都希望从短期中获取到一定的利润，因此这种渠道中，产品价格占据着决定性影响，无法让企业与客户进行长期关系的建立。

所谓一体化纵向公司渠道模式，指的是生产企业分销单位整合化以及授权性质的模式。通过这种模式下的整合，企业能够让供应链的下游企业进行分销平台的建设，进一步实现产品的销售，将其送达终端销售单位。在这样的模式中，生产和销售工作是共同被开展的，企业不需要进行渠道的建设，分销单元无法拥有更多的利润，同时监督成本也得到控制，在为企业提供更多优惠的过程中，保证产品适销对路性。

在关系营销渠道中，渠道的建设标准是营销效率的提高，在利益均衡的前提下结合共赢与沟通等原则，实现生产企业和分销成员关系的建设与维护，促使企业能够和渠道成员中建立起长期合作关系，控制渠道成本，同时渠道运作中的风险也大大降低，营销效率非常理想。

二、供应链理论

在价值链理论的指导下，供应链理论产生。所谓供应链，指的是企业在产品生产和销售的过程中，产品和服务产销关系构成的上下级关。针对当下企业发展进行分析，供应链常见于企业物料购进和生产建设以及销售环节中责任分担以及相互合作的关系。

它将供应商、制造商、分销商以及客户串连成一个有机整体。从整体性、系统性视角来看，供应链要求破除传统意义上企业的单一性，首先要分析消费者需要的是什么，同时结合行业竞争理论进行原料的购进和生产流程的建设以及销售方案的编制，实现对消费者、分销商和生产商关系的系统化建设。在这个过程中可以借助计算机技术提高工作效率，同时实现信息共享。

站在合作的角度上进行分析，供应链中倡导各个企业能够实现共同发展。就产品生产而言，供应链中的企业提供自己所生产的原料或者零件，就原料供应展开密切合作，以此为基础构建起战略合作关系，能够在利益上达成一致，杜绝价格战的发生，为产品价格提升创造更多的空间，促使整个供应链中的企业都能够实现盈利。目前来说，针对供应链管理的研究成果并不多，且各有分说。汤姆丁认为，供应链管理既为"适用于从国际交易和生产过程中的供应链，也适用于一个细小环节下所进行的生产经营活动，但都涉及若干个独立成本中心在各类商务性活动的各个方面"，而这也代表了绝大多数的观点认识。不管是建筑业还是制造业，其供应链管理上均是由一个主要组织和几个组织形成的，其中主要组织是供应链上终端管理组织。在学者汉克斯的观点中，企业在进行供应链管理的时候，要结合企业增值关系展开。在这个过程中，学者弗兰斯特指出，管理供应链就是对经济活动的主要要素——订单、货币、人员、物料和设备进行合理化协调，并借助信息网络形成关联，形成单元要素的协调性发展。这些管理工作的开展均需要以企业具体发展以及消费者认同为前提。

在传统理论中，供应链管理的价值就在于帮助企业高效、系统地优化设计供应链环节，同时形成两个战略目标，第一个是让客户能够在产品上的满意度提高最高，第二个是实现供应链成本的优化。在存货理论中，指出企业成本投入水平与其服务能力之间有着决定性关系，因此企业需要进行足量的存货，才能能够为客户提供所需的服务或者产品，但是需要承认，如果存货非常多，则会导致企业管理成本的提升。这也造成了一种普遍观点，企业成本控制与服务水平提升二者间关系不可调和。通过这样的做法，可以促使企业面向客户提供更加高质的服务，同时还能够实现企业成本的有效控制。

另外，对供应链的管理进行拓展，可以让企业在成本控制上的方式更加多样化，供应链管理拓展主要是将生产建设单元数目、宏观布局以及仓库数量和原材料供应效率等纳入其中。采购管理工作会对后期产品生产效率和运输以及生产流程建设等产生影响。另外成本控制方案和资金分配和收益预测等，也和供应链管理价值之间存在联系。在对供应链进行管理的过程中，如果能够将信息技术进行有效使用，则可以提高工作的效率，完善管理模式，为企业经营活动提供更多收益机会。

具体的供应链定义在国内外学术界并未统一。国内外学者对供应链的研究按照时间的发展顺序大致分为：物流管理的阶段。通过销售和转换生产等活动将收到的零部件和采购的原材料传递到用户手中的过程，是供应链早期的定义。供应链在这种观点下，就是一种企业内部的运作模式。供应链运转速度的提高随着供应商渐渐成为供应链的重要组成，也逐渐成为供应链理论研究的核心问题。价值增值链被重视的阶段。随着消费者和最终用户加入供应链，涵盖整个产品活动过程的增值链成为供应链也逐渐被认可。"网链"概念被重视的阶段。随着时代的发展和进步，将最终用户（消费者）、分销商、制造商、供应商形成完整结构的功能网模式成为供应链新的定义。

总结国内外学者对供应链的研究，供应链的类型大致分为：

（1）外部供应链和内部供应链。企业产品在流通和生产过程中涉及的最终用户（消费者）、分销商、储运商、生产商、供应商共同组成的供需网络，即外部供应链。企业在内部流通和产品生产过程中涉及的销售环节、仓储环节、生产环节、采购环节共同组成的供需网络，即内部供应链。

（2）稳定供应链和动态供应链。单一且稳定的市场需求对应稳定供应链，复杂的频繁变化的市场需求对应动态供应链。

（3）倾斜供应链和平衡供应链。当客户需求能被供应链的容量满足时，对应平衡供应链；当库存增加导致供应链的成本增加时，此时的供应链处于不平衡倾斜状态，此时对应倾斜供应链。

（4）反应性的供应链和有效性供应链。能够对未知需求做出较快反应，对应反应性的供应链；用最低成本将原材料转化成产品、零部件、成品，对应有效性供应链。

本书所述的供应链类型与内外部供应链基本一致。主要是指施工企业在营运资金管理过程中，将营运资金按照生产经营供应链各环节进行划分；通过对招标采购、施工生产、确权收款环节上的营运资金管理绩效分析，相当于对企业的内部供应链的分析，发现其营运资金管理中存在的问题。然后，根据目前存在的问题，结合各个环节涉及的外部链条上的各方进行分析，以期更加全面地分析企业的营运资金管理状况，从而提出针对各环节的优化方案。

本书施工企业的供应链概念是指从业主的有效需求出发，以总承包商为核心，通过对信息流、物流、资金流的控制，从原材料采购到施工、竣工交付使用的全过程中，将材料供应商、工程机械设备供应商、劳务分包商、工程分包商、业主连成整体的功能网链结构模式。涉及的主要利益主体包括：业主、总承包商、工程分包商、材料供应商、劳务分包商、设备租赁商等，各分包商拥有自己的供应商，如此众多的参与者无疑增加了建筑业供应链的复杂性，使得营运资金管理难度加大。因此，对于建筑施工企业而言，从供应链视角研究营运资金的管理，更有利于企业的盈利能力以及抗风险能力的提升。

由上文可知，虽然目前供应链理论界对供应链的定义还未形成统一意见，但是国外学者对供应链管理的定义有了统一的认识。通过资金流、物流、信息流把最终用户（消费者）、销售商、批发商、生产商、供应商连接为整体的管理模式叫作供应链管理。西方学者将供应链管理的主要目标总结为：（1）提高竞争力。

随着信息不对称的逐渐消失以及经济全球化的进一步发展，各企业间的竞争变得越来越激烈，打破传统的管理模式是企业的必经之路，这就要求各企业建立合作伙伴关系，重视供应市场和外部企业需求，从而达到提高企业竞争力的目的；（2）把握真实需求，通过供应链信息网在不断变化的市场环境中把握市场准确的需求量和真实的需求；（3）快速组织供应，为了使企业能更经济、更快、更多地将服务和产品供应给客户，企业必须利用供应链的集成化的管理优势才能达到目的。

从上述的定义可以看出，供应链管理的指导方针是提高供应链上各企业的绩效，通过优化协调企业供应链上的各个环节以及各企业间物流、资金流、信息流等的配置，对企业进行统筹规划的系统性管理过程。同时，传统营运资金管理模式下将供应链的管理人为地分割为独立个体进行研究的弊端，由于新的供应链管理理论的运用，使得整条供应链涉及的各个企业间信息流通畅顺无阻。

对于建筑施工企业而言，工程项目建设是一种订单采购生产模式，以满足业主在工期、进度、质量、功能等方面的要求为目的，按照施工组织计划、设计施工图纸、施工变更等方面的文件开展施工生产活动。施工过程中的工程款涉及预付和验工计价两种方式，还可能存在垫资施工现象；施工生产的组织结构也较为复杂，一般分为工程公司和项目部两级管理，包括众多劳务分包公司和材料供应商；工程涉及的材料包罗万象，以钢筋、水泥为需求主体，涵盖各式各样的工程构配件，涉及众多的材料供应商；施工周期也较一般制造企业长，短则一两年，长则三五年甚至上十年，财务核算方法与制造企业也略有差异。从建筑施工企业以上的特点来看，传统的营运资金管理方法是将施工生产的各个环节割裂开来，只单独考察某个单独的财务指标，不能统筹考虑全局，可能会造成顾此失彼的管理局面。而供应链管理理论能弥补传统管理方法的不足，它将施工生产活动涉及的各种不同主体组成网状结构，形成环环相扣的一个有机整体。同时，它要求各节点主体之间实现信息共享、风险共担、利益共存、并从战略的高度来认识供应链管理的重要性和必要性，从而真正实现整体的有效管理。因此，本书认为从供应链的角度研究建筑施工企业，对于提升企业抵抗风险的能力、资金利用率以及经营效率都将大有裨益。

第六节　资产管理与企业价值理论

一、资产管理理论

（1）资产管理

资产管理，也就是资产所有者将自己拥有的资金委托给组织或者个人，组织或者个人按照委托人的意图对其资金进行管理，实现盈利的过程。在这个过程中，资产管理者需要保证资金能够升值。从整体上来说，资产管理指的是管理者在获取到一定的资产后，根据资金所有者的目的对其进行管理，资产管理内容上，卫生保洁、物业管理以及电气维修等都被包含其中。从某个层面上进行分析，资产管理仅仅指的是金融范围中的管理，资产所有者将自己拥有的证券和货币等委托给中介组织，中介组织根据所有者的意图对其进行操作，达到资产增值的目的。

（2）商业贷款理论

商业贷款理论，又称为真实票据理论。该理论指出，银行运作资金流，均来自客户存款。因为客户在存款上的目的以及偶发事件因素影响，客户存款提取的周期性也存在不同，基于此，银行在资产管理的过程中，无法将其资产进行长期使用，所以不会将其用作长期放贷中。另外，银行就算是对这部分资金进行短期投资，首先需要保证资金的安全性。

（3）可转换理论

该理论认为，银行贷款不该过度依赖短期内投资与自偿性。银行假如能够保证存款人在产生资金需求进行资金提取的时候及时满足其要求，同时又不给内部资金流通带来影响，则必须保证贷款方案的科学性。银行可以进行安全性高的长期性投资，促使企业在进行资金贷款需求上得到满足，同时也能够为自己带来更多收益。

（4）预期收入理论

在预期收入理论中，认为商业银行一切贷款活动，可以结合借款人预期收入以及还款方案对其银行的贷款行为进行分析，假如借款人能够在一定时间内获取到部分收入，在这个时候银行贷款时间拉长，抑或是资产变现率不理想，也不会导致银行资金流通受阻。

（5）现代资产管理方法

在现代资产管理房中，企业一般会结合资产负债以及损益表等的内在联系，进行数据模型的构建，另外借助于计算机等先进的技术和设备来实现资产管理方案的设计和执行，为资产管理、组合中资金分配选择提供解决方案。

二、企业价值理论

企业价值即企业产生持续现金流的能力评价。一般以自由现金流进行计算。企业价值可以分为整体企业价值和企业股权价值。整体企业价值涵盖企业债权价值和股权价值。

企业价值最大化就是企业市场价值最大化。所谓的企业价值是指企业全部资产的市场价值，主要表现为企业未来的收益以及按与取得收益相应的风险报酬率作为贴现率所进行的现值计算金额，即未来现金净流量的现值。企业价值只有在其报酬与风险达到最佳均衡时，才能达到最大值。市场竞争的日益激烈，企业投资并购活动的日趋频繁，并购双方越来越关注企业的市场价值。因为只有企业价值最大化，才能在并购活动中获取较多的谈判筹码，或者以较低的价格买入企业股权，或者以较高的价格出售企业股权，同时体现出企业管理者自身的价值意义。

本书主要通过运用企业价值理论，作为企业经营战略成果的检验，是对现金流管理是否达到组织预期的检测手段。更是通过自由现金流定期评估，围绕企业战略意图，对经营活动现金流在主营业务板块配置方向、配置金额以及投资活动中方向选择、投资金额方面进行中长期的计划和安排。同时围绕该中长期的计划和安排的资金缺口，做好筹融资活动的中长期计划和安排，并保留一定弹性空间。

三、全面预算管理

全面预算反映的是公司未来一年或一个经营周期的全部生产、经营活动的财务安排。它以实现公司的目标利润为目的，从销售预测出发，进而对生产、成本、现金收支等进行计划、预测，编制预计的利润表、现金流量表和资产负债表，反映公司在未来一年或者一个经营周期的财务状况、经营成果、现金流量。

本书借助全面预算管理手段，根据企业经营战略、投资战略、筹资战略，依据已确定好中长期计划按照会计经营年度的分解，确定年度内经营活动现金流整体安排、投资活动整体安排、筹资活动整体安排，并通过预算执行、预算执行情况考核，实施滚动预算，明确各短期计划的有效执行，确保组织现金流管理目标的实现。

本章现金流管理问题实质是在内控运行环境有效前提下，从长期来看，是解决经营活动主营业务板块现金流中长期收支安排问题；解决投资活动现金流管理问题即投资方向及投资现金流中长期安排问题；以及引申出来资金缺口，需要配备中长期的筹融资安排问题；短期看是在预算管理框架下，经营活动现金流、投资活动现金流、筹资活动现金流有效执行问题。

总之，本章通过借助企业内控制度理论、财务指标分析框架，作为建筑企业经营活动、投资活动、筹资活动现金流管理理论分析框架和工具。同时，借助企业内控制度理论、价值理论、全面预算管理作为解决施工企业经营活动现金流问题、投资活动现金流管理问题理论指导依据和框架。

第二章　施工企业资金管理与绩效评价典型案例分析1——A公司

第一节　案例背景

近5年间，建筑施工企业新签合同额、总产值、建筑工程和安装工程产值、房建工程产值、对外总承包工程业务完成额，均出现降速的态势。建筑业总产值增速下滑。

从货币政策角度，在去杠杆、化解地方隐性债务和金融风险背景下，M2和社会融资规模增速明显下滑，融资收紧，货币资金、融资环境很难有大的改善。在"房住不炒"的背景下，房地产投资额、施工竣工面积，进入个位数，低速增长时代。房地产市场短期内很难有大的需求拉动。房地产板块业务增长有限，且支付条件恶化趋势明显。

从政府投资资金端角度，受房地产调控影响，土地出让金在三年恢复性增长后，转入下跌通道；城投债发行，旨在解决城投公司流动性风险和再融资压力，其平台融资功能，正逐渐弱化和剥离；PPP成交额近两年持续缩减；非标融资正逐步规范和压缩规模；预算内资金，在减税降费、化解地方政府债务背景下，一般公共财政收入放缓，地方债净融资额基本稳定，预算内资金增长有限。受此影响，政府基建板块业务增速有限，且支付条件与以前相比，维持已属不易。

从产业链上游出发，受环保政策、资源类企业整合影响，主材价格上涨，供应商先款后货，进一步挤压建筑施工企业现金流；同时，政府进一步保护农民工权益，不允许拖欠农民工工资，建筑施工企业经营性现金流，呈明显恶化趋势。尤其是2019年，受现金流影响，部分民营上市建筑施工企业转让控制权。中国建筑施工企业，资产负债率高、资产运营效率不高，受行业政策、商业模式、强势下游客户影响，属于传统弱势行业。

受以上因素影响，相当部分建筑施工企业游走于破产的边缘。本书以A建筑施工企业为样本，展开研究。A建筑施工企业是省属国有建筑企业，某省建筑企业龙头，全国500强企业，在区域市场具有举足轻重地位。通过与A建筑施工企业高层、中层、项目经理沟通，普遍对现有环境下，企业现金流能否持续、不断流表示忧虑。尤其是在资产负债率居高不下，业务增长乏力，业主付款条件恶化且难以转移给上游供应商情况下，A建筑施工企业急需根据自身特点，对现金流管理做出调整，降低企业风险。

随着供给侧要素改革推进，金融去杠杆，建筑施工企业由原来高速增长，转入中低速增长，发展遇到瓶颈。随着业务增长受限，投融业务在市场债务违约频发，该模式发展受阻。行业进入存量博弈时代，企业由原来靠市场经营获得利润模式，转向靠管理挖掘利润，尤其是财务管理。

判定一个企业价值，即企业能否产生足够的自由现金流。因此，在现金为王，尤其是在疫情影响下，施工企业管理理念应发生转变，由原来追求合同体量、营业收入规模、利润规模转向施工合同的质量、营业收入质量、利润的含金量。即以追求长远自由现金流成为施工企业财务管理的必然。

资金作为企业的血液，其是否安全、有保障、自由流通关乎着企业发展的命脉。当市场弥漫着"活着"就是王道时期，聚焦A建筑施工企业现金流管理，具有很强现实意义。对管理粗放、融资创新不足、从业人口众多的施工企业，尤为重要。

以企业价值即自由现金流评价企业、考核管理层指标有很强现实意义。建筑企业定期评估企业价值，有助于高层管理者厘清公司主营业务方向、经营方向、投资方向；有利于决策层根据企业运营情况，合理配置板块业务资金投放，设置板块业务的承揽条件、配套服务商支付条件；更有利于管理层、执行层了解企业经营、投资的目的。借助预算管理，确保公司资金投放效率和短期目标的实现。

长短期结合，促进企业长期稳健发展，基业长青。

国内外研究现金流管理研究理论颇多，但在现实施工企业运行中，尤其是在区域市场或者更广的中国市场，在现行经济环境下，施工企业现金流管理仍然问题频发。因此聚焦研究当下施工企业现金流管理问题，有助于该研究体系完善，并为解决现实建筑施工企业现金流管理问题提供可行的解决方案。

本书运用价值理论对建筑施工企业价值评价、战略性现金流管理进行指导，规划中长期现金流安排；借助预算管理明确现金流管理短期目标以及短期现金流管理运行效率。更加系统全面为建筑施工企业提供现金流管理提供理论评价、检测基础。同时，利用融资创新为建筑施工企业提供流动性安排，强调建筑施工企业筹融资要与建筑施工企业发展战略、施工生产周期匹配，为建筑施工企业筹资管理贡献思维路径。之后，分析A建筑施工企业现金流管理案例，对其财务报告进行现金流有关指标分析评价，揭示其存在问题，借助现金流管理理论、分析工具，揭示A建筑施工企业现金流管理存在问题的原因。然后，通过研究总结该行业标杆企业现金流管理经验及产业链下游优秀房地产商万达商业融资创新案例，结合A建筑施工企业特点，运用研究生所学现金流管理论、工具，出具可操作性的现金流管理解决方案。最后，通过借鉴行业标杆企业现金流管理体系，调整和优化A建筑施工企业现金流管理架构及内控；借助自由现金流评价机制，确立现金流管理的方向、目标，寻求经营活动、投资活动资金投放方向、金额，借助预算管理确保投放的效率，最终通过强化经营能力、投资能力、优化筹资能力，进一步通过融资创新，增加财务杠杆，进一步提升公司资金运营能力，推动企业持续发展是本书章的亮点。A公司借助金融创新，优化经营活动现金流管理，如应收账款证券化、盘活应收账款；梳理上游供应链，为供应商债权确权，提供保理业务融资便利，节约经营活动现金流支出，优化债务结构。

第二节　A 公司基本情况

A 施工企业，于 2007 年 11 月 5 日在北京成立，为国务院国有资产监督管理委员会管理的特大型建筑企业。公司业务涵盖工程建筑、房地产、特许经营、工业制造、物资物流、矿产资源及金融保险，已经从以施工承包为主发展成为具有科研、规划、勘察、设计、施工、监理、维护、运营和投融资的完善的行业产业链，具备了为业主提供一站式综合服务的能力。并在高原铁路、高速铁路、高速公路、桥梁、隧道和城市轨道交通工程设计及建设领域确立了行业领导地位。

A 施工企业属于建筑业企业，由于其生产组织形式的特点，集团企业机构设置从总公司到二级工程局到三级子公司再到分公司、项目部，形成了管理级次及管理链条长、多级管理、资金层层积淀的现状。

第三节　A 施工企业营运资金构成现状

一、流动资产分析

2012 年 12 月 31 日，A 公司货币资金余额为 922.74 亿元，较 2011 年同期增长 11.10%，较 2010 年同期增长 41.51%，主要由于经营业务需要而不断增加借款及发行短期融资券、超短期融资券。

2012 年 12 月 31 日，A 公司应收账款余额为 794.06 亿元，近年呈不断增长状态，主要由于建筑行业的特点以及工程垫资情况严重，代垫运杂费和材料费不易收回，工程款拖欠情况不断增加。

2012 年 12 月 31 日，A 公司预付账款余额为 335.61 亿元，较上年同期增长了 28.71%，主要由于公司增加了对劳务和材料供应商的预付款。

建筑施工企业其他应收款主要是工程项目投标保证金、履约保证金等各类押金。

2012年12月31日，A公司其他应付款余额为309.68亿元，较上年同期增长了22.23%。

主要由于所需租赁的设备、购货抵押金，以及其他经营活动需要缴纳的各类押金和合同期内的履约保证金逐年增加，导致该项目余额近几年一直不断增加。

建筑施工企业存货的主要构成部分是履行建造合同而采购的原材料及房地产开发成本。2012年12月31日，A公司存货结余1713.37亿元，占资产总额的比例为35.65%，主要由于施工企业的业务特点，需要大量原材料和周转材料的准备，逐年增加的原因主要是房地产开发产品不断增加和应收客户合同工程款增加。

流动资产各项目占总资产的比例，2011年在2010年的基础上，略有增加的项目有货币资金、应收账款和存货，略有减少的项目有预付账款、其他应收账款。2012年与2011年情况基本相反，货币资金和应收账款比例都有所下降，预付账款、其他应收款及存货都有小幅上升。A公司2010年至2012年流动资产占总资产的比例分别为83.34%、85.18%、86.61%，该比例基本没有大幅度变化，三年均值为85.04%，说明A公司总资产中85%的部分为流动资产。

二、流动负债分析

2012年12月31日，A公司短期借款余额为386.97亿元，两年内增长138.23%。这一情况主要由于企业规模的不断扩大和多元化发展，项目数量和规模的增加，在人力、设备、材料等方面都需要更多的投入，从而使企业对资金的需要越来越大，加之业主资金紧张。

2012年12月31日，A公司应付账款余额为1621.59亿元，占负债总额的33.74%。应付账款余额总量不断增加，主要由于国家宏观政策调整及基础设施建设速度减慢。

2012年12月31日，A公司预收账款余额为620.98亿元，较上年同期增长16.26%，主要是由当年业主对公司部分工程项目的资金拨付增加所致。

流动负债各项目占总资产的比例，2011年在2010年的基础上，短期借款项目上升了四个百分点，应付账款和预收账款都有小幅度的下降。2012年在2011年的基础上，短期借款项目小幅下降，应付账款项目下降将近百分之十，预收账款项目比例微弱上升。

2010—2012年，流动负债占总资产的比例分别为75.01%、75.34%和76.72%，比例基本稳定，三年均值为75.72%。可见，A公司的流动负债比例都在50%以上，说明这两年公司有一半以上的资产是通过流动负债满足。

三、营运资金综合分析

A公司2010年流动资产与流动负债占总资产的比例分别为83.34%、75.1%，公司资产中有8.24%的流动资产通过筹集长期资金来实现；2011年A公司的流动资产与流动负债占总资产的比例分别为85.18%、75.34%，公司资产中有9.84%的流动资产通过筹集长期资金来实现；2012年A公司流动资产与流动负债占总资产的比例分别为86.61%、76.72%，公司资产有9.89%的流动资产通过筹集长期资金来实现。

从流动资产与长期资产的比例、流动资产占总资产的比例的分析看，两者均逐年递增，而后者2010—2013年均超过80%，2012年达到86.61%。从流动负债与长期资金的比例、流动负债占总资产比例的分析，两者也逐年递增；后者2010—2013年均超过75%，2012年达到76.72%。

第四节　A施工企业营运资金管理办法

一、货币资金管理

A公司货币资金管理的特点有两个：一是统一管理模式，二是"以收定支"的预算管理模式。

1. 统一管理模式

A 公司在资金管理过程中，设立两级资金管理中心，即总公司资金管理中心和分、子公司级资金管理中心。由总公司资金管理中心统一制定相应资金管理制度，并下发各分、子公司资金管理中心予以执行。总公司及其分、子公司资金管理中心分别对其下属单位和项目部的业务进行审批、管理以及具体的业务办理。

总公司资金实行"统一合理调配、分级归口管理"的原则，总公司财务管理处是公司资金管理的职能部门，各单位财务部门是本单位资金管理的职能部门。

公司各单位所拥有的全部货币资金（包括现金，银行存款，有价证券，银行存款和其他货币资金）均属于本办法管理的范围。办法规定公司实行"统一合理调配"的原则，公司财务部是全公司资金管理的职能部门，公司所属各项目财务部门是本单位资金管理的职能部门。管理办法首先就明确规定了资金集中管理的机构，此外，管理办法在账户管理、核算管理以及借款管理等方面都结合公司的实际情况做出了严格的规定。

2. 预算管理

A 公司从总公司到二级工程局到三级子公司再到分公司、项目部，下属单位数量较多，管理链条较长，资金往来密切频繁，数额较大。基于这些特点，A 公司采用集团预算管理的办法，对下属单位的重要资金收支都纳入预算管理，实行预算控制。预算编制自下而上，按照"以收定支，收支平衡"原则进行编制。每年年终，企业根据当年各项经济指标实现情况，开始制定下一年度的收入、费用、利润及资金预算。

二、应收账款管理

A 公司应收账款的管理部门为公司的财务部门和业务部门，财务部门负责数据传递和信息反馈，业务部门负责客户的联系和款项催收，财务部门和业务部门共同负责客户信用额度的确定。每个季度分公司在上交财务基础报表的同时上交清欠报表，由总公司汇总。每年年初分公司针对上一年底数额在 500 万至 2000 万元和 2000 万元以上的应收账款签订责任状，确定清收目标，制定奖罚措施，一般奖励金额在一万到两万之间，视实际情况而定。

A 公司对于应收账款管理的重点在于如何管理现存的应收账款,即实行严格的坏账准备制度。对单项金额重大(人民币 1000 万元以上)的应收款项单独进行减值测试;对于单项金额不重大和单项测试未发生减值的应收款项,应包括在具有类似信用风险特征的应收款项组合中进行减值测试,根据企业历史经验确定按照应收款项期末余额账龄对其未来现金流量进行预计,并采用账龄分析法对应收款项计提坏账准备。

三、存货管理

A 公司作为建筑施工企业,存货主要包括原材料、在建品、库存商品、周转材料、房地产开发成本和房地产开发产品等。由于建筑施工企业存货量大且品类繁多,存货管理工作量大,A 公司对于存货管理相对比较弱。施工企业的存货中材料所占的比重最大,材料的管理费用在存货的管理费用中所占的比例也是最大的。

A 公司规定存货材料的采购采用公开招标方式,以减少内部人为因素干扰。具体采购程序为:由物资管理人员依照物品需求情况(如:品名、规格、数量、估算单价、估算金额、需求日期等)提出申请,由总经理进行审批,报送采购员;采购员将采购计划备案财务后,进行借支采购金额手续;采购产品经使用部门进行验收方可办理入库。A 公司对于存货中的材料进行简单地分类管理,将企业常用的存货材料分为主要材料、结构件、机械配件、其他材料、周转材料、低值易耗品六个大类。

第五节 A 施工企业营运资金管理存在的问题及成因

一、安全性问题及成因

1. 安全性指标分析

通过比较 A 公司与同行业领先企业 B 公司及建筑业平均水平的具体数据,

来分析 A 公司偿债能力的强弱。

（1）纵向比较

A 公司 2010—2012 年流动比率变动不大，结合表 3-1（2010-2012 年 A 施工企业营运资金结构表）分析，进一步说明 A 公司存货占营运资金比例太大；2010 年和 2011 年速动比率基本稳定，2012 年出现下降，说明 2012 年 A 公司存货占营运资金比重增幅较大。

2010—2012 年 A 公司速动比率处于下降趋势，结合表 3-1 分析发现原因可能是存货量较大导致。

A 公司 2010—2012 年现金比率基本稳定，有缓慢上升趋势，但现金比率一般认为在 25% 以上为好，所以，该公司速动资产扣除应收账款后的余额等偿还流动负债的能力偏低。结合流动比率较高的事实分析，可见 A 公司应收账款数额较大，影响了企业的偿债能力。

（2）横向比较

观察 A、B 两企业与行业平均水平流动比率和速动比率的比较，发现 A 公司的流动比率高于 B 公司与行业平均水平，而速动比率又低于 B 公司与行业平均水平，说明 A 公司的存货量影响了企业利用资金的能力。A 公司三年平均现金比率为 27.62%，B 公司平均现金比率为 34.28%，行业平均现金比率为 42.62%，可见 A 公司的现金比率远远低于行业平均水平及行业领先企业，说明 A 公司营运资金减去应收账款余额后的短期偿债能力在行业中处于偏低水平，进一步说明 A 公司应收账款对企业营运资金的影响作用。

综合以上指标分析可知，A 公司的短期偿债能力相对较弱，说明该公司货币资金没有得到充分利用，应收账款与存货数额较大，影响营运资金的偿债能力，一定程度上降低了企业营运资金的安全性。

2．安全性隐患分析

（1）应收账款数额大

A 公司应收账款占用比例较大，容易造成企业流动资金不足，影响营运资金安全性的提升。A 公司应收账款数额较大的主要原因有以下四点：

1）相关制度不健全

我国建筑行业的行业制度不健全。以投标人的履约保证金制度为例，我国《招标投标法》第46条第二款规定："招标文件要求中标人提交履约保证金的，中标人应当提交。"但这条规定并未对中标人应提交的保证金数量及招标人在获取该项保证金后的使用权限做出明确的规定。使得履约保证金合法化，但对履约保证金又缺乏数额和使用上的限制，从而建设单位向施工企业大肆要价，之后又返还困难，成为施工单位日后的应收账款。履约保证金的期限一般较长，会贯穿于整个工程的施工过程。若施工企业不能按时缴纳履约保证金，将会被业主视为自动放弃投标合同。因此，施工单位为了争取项目会尽力筹措资金缴纳履约保证金，甚至不惜向银行或其他金融机构贷款，不仅会造成建筑施工企业资金成本的增加和资金缺口的扩大，同时，也相应提高了企业的财务风险。现阶段我国建设市场还不规范，建设单位要求施工企业让利、垫资施工或拖欠工程款的现象普遍存在。建设单位资金不到位导致拖欠工程款，垫资已经形成行业通病。企业干的工程越多，拖欠得越多，旧账未清又添新账。导致施工企业难以形成自我积累、自我改造、自我发展的能力。众多的建筑企业为了争揽有限的工程项目，不惜"带资、垫资"承包工程项目，一些资金不到位工程仍在进入建筑市场，造成企业的财务费用增加，资金周转不灵，甚至资不抵债。

总而言之，现阶段，我国的建设市场还不尽规范，相关制度还不健全，未形成明晰有序的法律保障体系，使得施工单位普遍垫资经营，投资单位拖欠工程款的现象屡见不鲜。众多的建筑企业为了争取有限的工程项目，经常冒着垫资难以收回的风险不断承揽新工程。因此会造成施工企业承揽的工程越多，被拖欠的工程款就会越多的现象，不仅增加了企业生产成本，而且会加大企业的经营风险。业主拖欠工程款的状况要求建筑施工企业必须加强对应收款项的管理，将提高资金周转率作为财务管控重点。

2）垫资现象严重

激烈的商业竞争是发生应收账款的市场原因，同时也是其主要原因。目前，施工企业受投资单位的制约越来越大，在建筑行业实行招投标的过程中，由于地区行业的垄断，导致了投标单位之间存在不公平竞争的现象，从而给建设单位创造了有意或无意降低标价的机会，而施工企业为了生存，又不得不竞相压低标价，企业应得到的合理收入大量流失。

A公司为了维持本企业的简单再生产，被迫答应投资单位的许多额外要求，例如：投资单位拒绝支付进场费或预付款；投资单位要求其交付数额较大的履约保证金；投资单位要求A公司对所承揽的工程项目自行垫资，甚至有的投资单位要求其垫付到工程完成至某一进度时，才按工程进度的一定比例来拨付工程款，而垫付的资金基本要在工程整体完工时才能清算。

3）市场信用体系不健全

由于我国的市场经济发育得很不充分，相关法律法规及失信惩罚机制均不健全，而且欠缺实际可操作性，对建设单位的信用约束作用有限，对施工企业的公平性也明显不足，这些因素导致了建筑施工领域的信用缺失行为。由于建筑施工企业之间竞争激烈，A公司为追求业绩，盲目投标，工程数量增长幅度较大，而未对投资单位进行充分了解，没有进行风险评估。

截至2012年12月31日，A公司账龄在一年以上的应收账款达到41.5亿元，基本均与A公司签订合同。其中22亿元左右的应收账款由于投资单位出现经营性困难，资金周转紧张，一时难以收回。单独进行减值测试应属账款中，有6207.8万元应收账款由于A公司与之长期无交易而拖欠未付。

4）应收账款管理部门职责界定不明确

现阶段，A公司的应收账款管理中，没有明确规定应收账款的主要管理部门，A公司管理应收账款的人员主要为财务部财务人员。由于业务部门不对欠款负责，所以会一味追求业绩，制造账面收入，并没有给企业带来真正的现金流入。财务部门加大清收力度，督促欠款单位还款，但财务部门的主要职责是财务管理，负责企业融投资和分配活动的安排等。这是一种权责不对称的现象。

实际工作中，许多财务人员对于应收账款的管理过于松散。主要原因在于财务部门无法掌握交易客户的确切资料，也不能准确评价和判断每一笔应收账款的具体情况，同时不能安排很多的时间和精力专门从事应收账款回收工作。而管理应收账款又是一项对技术性操作要求很强的综合性管理工作。其中信用调查、信用风险的识别与评估、信用政策的制定、客户档案的管理、应收账款日常管理和催收等，都需要与企业整体的发展战略相结合，单个的财务人员很难胜任。因此，单一的财务部门在选择目标客户、确定信用标准、签订赊销合同、催收应收账款等相关环节中难以实现对应收账款的有效控制。导致应收账款的管理职责不能专业细化到具体部门和人员，弱化了应收账款的管理职能。

（2）存货积压过多

A公司存货过多，占用大量资金，使企业偿债能力降低，影响企业营运资金的安全性。存货积压过多的主要原因有以下几方面。

1）物价增长与市场需求变化快

国家宏观调控政策的变化。各银行的执行利率随着央行贷款基准利率的多次上调而不断上升，同时结合各方对物价上涨的预期，以及A公司乃至整个建筑施工行业为了规避市场风险与资金利率风险，囤积大量的原材料，形成了较多的存货。

物价水平持续上涨。近年来，我国生产性价格指数（PPI）一直保持较高水平，导致物价上升的压力有增无减，原材料、能源和运输价格也在不断攀升，公司为了降低缺短货的风险，不得不持续增加存货的安全库存量，以此避免物价变动带来的风险。

市场需求变化加快。市场需求变化的加剧，会在一定程度上增加公司存货管理的难度，公司经常因为销售预测不准确，造成已被淘汰的产品及与其相关的原材料和零部件等大量积压。

2）存货内控制度不完善

首先，存货采购不科学，大量占用资金。A公司虽然编制了采购计划，但只是从总体上控制，从财务管理的角度讲，存货采购批量及间隔时间的长短，影响着企业的经济效益。A公司的存货采购并没有根据工程量计算出科学的经济采购批量，而是根据有关采购人员的经验数据或项目经理等的个人批示，从而导致盲目采购、重复采购、随意采购等问题，造成仓储设施重复投资、部分物资库存储备过多，而另一部分材料却供应不足或不及时的情况，不仅增加了采购成本，还影响了工程的质量和进度。而施工企业一旦材料短缺，会造成整个工程的停滞，为了避免工程的中途暂停，各分公司都会囤积材料计入存货，并增加存货储备费用，造成存货的数额增大。

其次，签订的采购合同中由于定价机制不科学可能导致采购物资的价格过高，出现违法的舞弊行为或无辜遭受欺诈。A 公司的采购人员绝大多数都是项目经理较为信任的人，采购人员的不正规操作，在采购中索要高额的回扣等行为，直接导致材料的采购成本激增。

（3）资金管理水平低

A 公司对于货币资金的管理水平较低，使得该公司货币资金不能得到高效利用，存在无法偿还债务的危险，影响企业整体营运资金的安全性。造成 A 公司资金管理水平较低的主要原因有以下三点：

1）全面预算水平低

A 公司全面预算水平低。从资金预算的角度看，A 公司采用全面预算管理的时间较晚，直至 2009 年才开始实行《全面预算管理暂行办法》，传统的管理理念仍然根深蒂固，导致公司对全面预算管理的认识不到位；A 公司对于子公司的资金管理呈粗放的统一，未以工程施工项目为具体的单元进行细化管理，对所承揽的工程项目的资金收支缺乏统一的筹划和控制；人为因素对其影响十分严重，预算编制质量不高；缺乏监督主体，严重缺失对预算执行过程的监督。

2）资金使用缺乏计划

由于施工项目签订的合同金额较大，施工周期较长，有效工期内施工产值不能达到均衡水平，致使投资单位资金不能均衡到位。施工前期产值较低而各项投入又相对较大，收支不平衡。施工中期产值会有所上升，但项目投入的资金也相对较大，投资单位资金到位情况会较为均衡，收支基本趋于平衡，但同时面临着投资单位扣回预付款的压力。工程收尾阶段产值相对较低，此阶段由于要和投资单位进行竣工决算，投资单位资金相对收紧，而施工企业前期的资金压力向后转移，对外欠款需要在这个阶段清理。支付时缺乏预算和统一筹划是 A 公司各分公司普遍存在的问题，一般是哪个部门或供应商催款催得越紧，得到资金的可能性越大，然而一些紧急需要资金的缺口却得不到填补，导致资金利用率低下，影响整体工程进度，增加不必要的成本及产生其他一系列问题。

3）缺乏项目决策分析和科学投资决策程序

A公司的投资计划需要逐级汇总上报，通过上级董事会决议审批后才能投入建设，但没有设立专门的投资项目评估小组，上报给董事会的各项投资项目没有进行认真地可行性分析。在项目决策时欠缺前期的认真调查，未能对市场需求进行详尽的调查和分析，对市场和投资的关系缺乏充分的理解，没有从动态的角度加以把握，对技术上的可行性和经济上的有效性方面缺乏论证，预期收益方面也缺乏精确的测算，以至于有的工程进入建设后会产生负现金流。

二、流动性问题及成因

1. 流动性指标分析

A施工企业流动性指标比较：

（1）纵向比较

2010—2012年，A公司的应收账款周转期在2011年同比下降将近20%，2012年稍稍上涨。可见A公司对应收账款的重视程度有所加大，但具体效果会在较长时间内比较明显。

A公司存货周转期变化巨大。2012年存货周转期与2011年同期相比延长了43.21天，增长了73%。可见，该公司存货周转期增加较快，存货的占用水平过高，流动性太低，占用大量资金。

从A公司2010—2012年流动资产周转率的变化可以看出，流动资产周转率受到应收账款和存货的显著影响，处于不断下降的趋势中，周转速度减慢。

（2）横向比较

A公司2010—2012年应收账款周转率在行业中处于较低水平，三年平均值为51.78天，而B公司三年平均值为43.78天，行业平均水平三年均值是43.22天。表明A公司应收账款回收较慢，应收账款的催收效率太低，信用政策过于宽松，对流动资产的变现能力以及短期偿债能力都会产生不利影响，严重影响企业的管理效率和效益。

在对A公司的存货周转率与行业领先企业B公司和行业平均水平数值进行比较时发现，A公司的存货周转率相对较快，周转期相对较短。但领先的差距逐渐减小，从 2011 年领先 B 公司 53.12 天、领先行业平均水平 44.41 天，到 2012 年领先 B 公司和行业平均水平分别为 42.33 天和 17.97 天。说明 A 公司的存货管理制度并没有给企业带来该领域的持久领先地位，需要不断改进和完善存货管理制度，加快存货周转。

2．流动性隐患分析

（1）应收账款清收制度不完善

A 公司应收账款的清收制度不完善，导致账龄较长的应收账款不能得到及时清收，应收账款周转缓慢，影响企业资金流动速度，降低资金利用效率。

1）单一账龄分析法具有局限性

A 公司对于应收账款的动态分析仅限于账龄分析，仅关注于应收账款的拖欠时间，没有考虑应收账款收账期及应收账款具体状况、比例等因素，不利于对应收账款的全面观测。而且 A 公司的账龄分析是按照企业全部应收账款的账龄分布编制的，不能反映具体投资单位欠款的账龄分布。因而，使用单一的账龄分析法容易造成应收账款清收过程中对重点掌握得不够准确。

2）缺乏投资单位信用评价机制

目前，A 公司没有设立信用管理部门，没有配备信用管理专业人员。投资单位信用调查、信用风险识别和评估等完全依赖市场营销部门的自身管理。因此，信用管理基本上处于失控状态。主要表现如下：对投资单位拖欠工程款的额度和期限等取决于市场营销部门负责人的主观臆断，缺乏信用政策；没有进行投资单位信用调查、信用风险识别和评估程序，没有信用风险防范意识和措施；没有建立投资单位信用档案，信用决策和控制没有信息支撑；各部门之间缺乏沟通和协调，割裂了投资单位各类信息之间的有机联系和完整性；缺乏债权保障机制。面对拖欠工程款、故意欺诈、逃避债务等信用短缺现象，自我保护措施不力。

3）未确定清收重点和回收后奖惩方式低效

A 公司目前对于应收账款的清收按照投资单位欠款数额的大小进行划分，即对于欠款数额大的加大清收力度，对较小额度的欠款单位疏于管理。在催收过程中，又因为一般数额巨大的欠款单位资质深厚或规模较大，催收人员没有能力对其进行强力回收，导致应收账款回收效果不佳。

在应收账款被收回后，对于真正参与回收的财务人员的奖惩也只是加发少量奖金，没有应收账款收回后的比例奖金，使得催收人员的催收账款积极性不高。还有的分公司应收账款回收后，得到的奖金只涉及经理层面，也不利于催收具体实际工作的执行。A 公司没有制定逾期应收账款催收和处置机制和建立合理的应收账款管理考核奖罚机制。

（2）存货分类管理方法落后

A 公司属于建筑施工企业，存货种类纷繁复杂，各类存货型号多种多样。A 公司对于存货材料的分类较为简单，使得每种材料在使用时不方便寻找，通常会重复购买。长期积压的存货可能由于设备的更新换代或技术的革新而被迫淘汰，引起存货周转率下降，造成企业存货浪费，企业生产成本增加，不利于企业发展。

第六节　A 施工企业优化营运资金管理的建议

一、提高安全性

1. 加强应收账款管理

（1）加强对投资单位的资信管理

针对市场信用体系不健全和投资单位不讲信用的实际，A 公司在应收账款出现之前进行事前防范，控制信用风险的发生，因此，加强投资单位资信管理具有非常重要的作用。公司应收集和调查客户信用信息并进行风险评估，对投资单位进行信用标准界定，了解投资单位的资信程度，降低日后应收账款难以收回的风险。

1）建立资信调查标准

对投资单位的信用风险等级评定是投资单位资信管理的基础，在等级划分的标准上要采用科学规范的方法。A 公司可以采用"5C"信用评价方法对投资单位资信标准进行评价，"5C"即品格（Character）、能力（Capacity）、资本（Capital）、担保品（Collateral）和环境状况（Condition）。

品格（Character）：是指投资单位的信用程度，即履行偿债义务的可能性，是评估投资单位资信水平的首要指标。A 公司可以通过调查投资单位过往的付款情况，判断其将来是否存在拖欠工程款的可能性，品格直接决定了该投资单位应收账款的回收速度和回收数额。

能力（Capacity）：是指投资单位的盈利能力、偿债能力等，投资单位偿债能力的高低很大程度上取决于资产的流动性和变现能力。A 公司可以通过了解其资产规模、负债结构及产权比率等情况来判定其能力。

资本（Capital）：是指投资单位的财务状况，可分析其负债比率、流动比率、速动比等财务指标进行评估。投资单位财务状况的好坏直接影响其偿债能力的高低，即投资单位财务状况越好，偿债能力越强，发生信用风险可能性越小。

担保品（Collateral）：是指投资单位提高自身信用而提供给施工企业的担保资产。对于首次交易或信用状况有争议的投资单位可采用这一标准。

环境状况（Condition）：是指影响投资单位付款能力的外部环境。如政治环境、经济环境、法律环境、市场环境、季节更替、行业趋势等所有影响投资单位经营活动的外部因素。环境状况要求投资单位在遭受不利环境的影响下具有较强的应变能力。应变能力越强的客户，其遭受外部因素影响的风险越小。

A 公司应充分掌握投资单位的资信状况，进行严格的资信管理，争取做到资信低的工程不揽、资金不落实的工程不揽、巨额垫资的工程不揽，防止工程一到手就形成拖欠款，增加应收账款。

2）明确资信调查方法

A 公司对投资单位的资信调查，可以采取报表分析和现场考察相结合的方法。报表分析法是通过分析投资单位的财务报表，确定垫资可能遭受损失的方法；现场考察是直接考察投资单位现场，发现投资单位客观存在的静态因素，可派出信用管理人员到投资单位了解投资单位的经营状况、资产状态（包括不动产、机器设备等）及员工的整体精神面貌等，取得第一手材料，识别投资单位潜在风险。

（2）增设应收账款管理委员会

A 公司应将应收账款的管理工作分离出来由单独的部门专门负责，财务部门则主要负责企业相关财务管理工作,对应收账款仅负责核算和定期对账。应收账款管理工作的分离可以促进应收账款管理工作有效进行。

根据 A 公司的管理模式、业务特点和组织机构的设置情况,考虑经营规模和经济性原则,建议在总公司层面增设独立的信用管理部,构建在"应收账款管理委员会"协调下由信用管理部、销售部、财务部、法务部、审计监察部组成的、完整的应收账款管理组织架构。

应收账款管理委员会是 A 公司应收账款管理的最高管理机构,可根据公司发展战略和经营目标决定公司应收账款管理的重大事宜。由公司总裁任主任,总会计师及副总经理任副主任,事业部负责人及信用管理部、销售部、财务部、法务部、审计监察部等职能部门负责人任成员。

应收账款管理委员会是非常设机构,下设"应收账款管理委员会办公室",由信用管理部经理兼任办公室主任,负责定期组织、召集应收账款管理工作相关会议。

2. 完善存货内部控制

A 公司应针对存货的采购制度进行完善,存货做到科学合理采购,减少存货积压的现象。

(1)确定最佳采购量和采购时间

在企业存货采购过程中,改变以采购人员或企业领导的估计或者经验为依据进行存货采购的方式,逐步完善存货采购量和采购时间管理,做好以下两点:

1)建立企业存货采购部门与实际使用部门的信息沟通渠道,并保证渠道的顺畅性,使得生产的相关信息能够及时传递给存货采购部门,存货采购部门要对相关数据进行统计分析,并以此为基础进行存货采购量和采购时间的管理。

2)建立适合本公司情况的存货采购系统,通过存货收益与成本的比较,根据经济学原理,把存货边际收益与边际成本平衡处设置为企业的最佳库存量;根据实际的生产、销售情况设立一个最低订货点,以确定存货最佳采购量及最佳的采购时间。在具有永续盘存性的存货采购系统管理下,每次补充货源或者取用存货时,确认实际库存量,如果低于最低订货点,要根据企业的最佳库存量确定采购量并及时采购。

（2）应加强存货采购内部控制

应做好以下四个环节的管理控制：

1）采购合同内部控制。保证存货采购按合同进行，要求主管领导对采购人员进行授权委托，授权的内容一定经过有关部门批准；采购人员按计划签订合同，无权在授权之外签订合同和变更合同的内容，合同的副本应送会计和计划部门审核价格与留存。

2）存货核算内部控制。通过采购部门和财务部门的日常核算保证存货采购业务资料准确、真实。采购部门和库房保管部门要对存货的购进、发出和库存进行日常核算，库房登记材料卡片，采购部门登记既有数量又有金额的明细账，定期将收料单送财务部门；财务部门根据入库单、验收单、付款通知单、付款凭证编制记账凭证，登记存货账簿及有关账簿，月末与采购部门和库房管理部门进行核对。

3）存货内部稽核与内部控制。保证采购业务的记录正确，做到账账、账证、账实相符。月末将收料单与材料明细账核对，同时材料明细账还应同财务部门的材料分类账、总账核对，由内部稽核人员复核记账凭证和原始凭证是否符合内部控制程序和会计制度。

4）存货内部审计。保证存货业务合同有效、保管安全、付款正确，会计核算准确，各部门资料真实可靠。由内部审计人员抽查存货采购合同，审查合同是否经过授权、是否有效，审核各部门核算是否正确，各部门反映的数据是否相符，有无违反规定程序和舞弊行为，还要对存货的内控措施进行评价。

3．提高货币资金管理水平

（1）提高预算管理水平

A公司实行全面预算的时间较晚，所以水平有待提高。建议A公司可以将预算管理责任化和预算管理自由化同步推行。

预算责任化可以将预算分配到各部门，规划每个责任单位的经济活动。A公司应编制责任预算，配合企业现有的全面预算管理制度，编制细化到每个部门的责任预算，形成责任预算的整体体系。责任预算将整体预算分解到各部门，使每个部门有了自己对预算的责任，而预算的完成取决于各部门的实际执行情况。为了保证责任预算的完成效果，A 公司应建立相应的激励措施，对于完成责任预算和超水平完成的部门进行精神和物质上的激励。在整个企业中使预算成为每个部门，以至每个人的责任，推进预算管理工作的顺利进行。

预算自由化是在预算责任化的基础上，公司每个部门对于各自的预算管理自主决定的管理方法。在部门内部自己的责任范围内，及时发现预算执行偏差，主动分析其产生的原因，并针对原因自行找出解决措施，最后付诸实施，保证责任预算的完成。预算自由化主要依靠各部门的自主管理，公司的预算管理部门对其进行监督和协调。

预算责任化和预算自由化的综合应用可以提高企业的预算水平，促进全面预算水平的提高。

（2）加强资金内部监控

1）建立货币资金内控报告体系。A 公司应建立货币资金内控管理报告体系来全面反映整个总公司及下属公司货币资金情况，要求相关责任部门定期报送货币资金信息报告，传递总公司货币资金信息，根据管理级次和内容简易度设计报告的频率及内容，主要应包括：货币资金预算执行情况表、货币资金信息快报、现金流量表。在做特殊事项决策时也可以要求相关部门报送临时的货币资金信息。货币资金信息不仅要自下而上及时有效传递，而且 A 公司的重大决策也应自上而下及时传达。

2）建立货币资金内部监控机制。货币资金是公司控制风险最高的资产，必须加强日常监督，建立监督管理长效机制，而且要根据实际情况进行必要的调整。A 公司对货币资金的监控应包括日常性的监控行为和专项的监控行为。货币资金日常监控行为发生在经营过程中，对控制活动中的各个流程进行监督控制；专项监控则是定期或由于特殊事宜而进行的专门监控，如内审机构进行的专项监督，外审机构进行的年终审计、并购、资产清查、破产清算等。建立针对货币资金的长效监控机制，可以有效防止项目经理任意安排资金走向的漏洞产生。

3）建立完整项目决策机制

选择投资项目的主要依据是项目的可行性研究，可行性研究工作的内容主要是对投资项目进行研究、分析和评价，通过对项目收益和风险的评估判断投资和资金回收的安全性。A 公司在进行项目的投资可行性分析时，应做到将机会研究、初步可行性研究和技术经济可行性研究综合运用。机会研究和初步可行性研究是对投资项目风险、技术方案和经济效益等做出的粗略评价。而技术经济可行性研究是在收集大量数据的基础上，对投资项目各个方面进行比较分析，选择静态分析指标（如投资回收期和投资收益率等）及动态分析指标（如净现值和内部收益率等）作为项目技术经济指标，提高投资决策效果。

二、加快流动性

1. 完善应收账款清收制度

（1）严格执行应收账款定期核对制度

应收账款的定期核对是应收账款日常管理的重要内容之一。A 公司财务部门可要求子公司按季度向投资单位报送对账单，在债权债务数额、还款期等方面进行核对，并连同应收账款情况表一同上交，保证 A 公司整体应收账款相关信息的准确性。

通过定期对账，对未超过结算期限的应收账款可以起到提醒投资单位按约定期限付款的作用；对超过结算期限逾期的应收账款，可以为日后可能进行的法律诉讼提供合理证据，避免因没有及时催收、缺乏催收记录等而导致诉讼期失效的情况发生。

（2）加强应收账款动态监控

应收账款的动态监控是企业对未到期的应收账款实施的日常监督与分析。A 公司应通过对现有各种应收账款额度和到期日的及时确认，了解应收账款的现有状况、工程款结算情况以及投资单位信用的履行情况。

1）明确动态监控内容

首先，A 公司可从应收账款总额、变动情况、账龄等方面，随时掌握应收账款的具体情况便于公司及时采取有效措施控制应收账款，加速资金回笼，降低坏账损失。

其次，A 公司可对应收账款进行跟踪服务，在应收账款的风险发生之时就需要对投资单位进行持续监督，从而最大限度地保证投资单位正常支付工程款，提高应收账款回收率。

2）确定动态监控方法

A 公司今后的应收账款动态监控可综合利用平均收账期对比法、比率分析法和现有的账龄分析法，对应收账款进行全面动态监控。

平均收账期是应收账款从发生到收回的整个时间段。计算公式为：平均收账期=应收账款余额/日平均赊销额。基本思路是：计算出 A 公司现阶段应收账款平均收账期，与本公司历史水平、同行业平均水平及公司既定信用期等指标进行比较，评价公司应收账款周转速度快慢和应收账款管理水平高低。

比率分析法是指通过应收账款余额与信用销售额的比率、应收账款余额与流动资产的比率、应收账款余额与资产总额的比率等对应收账款实施日常监督。通过将本期数据与历史数据及同行业平均数据做比较，了解公司应收账款管理水平的高低。

通过对应收账款的全面动态监控，可以从收账期、应收账款变动、账龄等多方面掌握应收账款的情况，并根据客户信用情况及时调整信用额度及信用期限，有利于 A 公司及时采取有效措施控制应收账款，加速应收账款回笼，降低坏账损失。

（3）明确应收账款清收制度

1）明确应收账款清收主体

明确应收账款清收主体是应收账款清收工作中的首要问题。根据"谁经办、谁负责"的原则，公司信用管理部门和财务部门应该履行协助、监督和"书面告知"的责任，销售部门及相关人员应该承担催收货款的责任。

对于在清收应收账款过程中，没有尽职尽责的部门及其负责人，A 公司要采取相应的处罚措施。例如：财务部门如没有进行账龄分析、没有定期对账、没有及时发出催收通知、没有履行告知义务，公司应追究其责任，对其进行警告、罚款或扣除一定比例的奖金绩效等。

只有严格界定职责分工，明确责任才能确保应收账款清收各环节工作到位。同时，应收账款管理委员会、审计监察部应定期或不定期对各部门进行职责履行情况检查，并根据检查情况对职能部门和相关责任人进行奖罚。

2）明确应收账款清收奖惩措施

A 公司在应收账款的追回过程中，明确应收账款奖惩制度。对应收账款的收回实行责任到部门、到人的方法，即应收账款的清收与责任人和具体清收人员的经济利益直接挂钩。考核过程中，不仅要将应收账款的数额列入考虑，还要将汇款时间纳入考虑范围。如果在规定时间内由于业务人员清收力度不够，工程款未收回，导致形成新的较长期的应收账款，需要对业务人员进行处罚。公司可以采取限令责任人在规定时间内收回工程款，在此期间停发工资等措施，督促业务人员加紧催收应收账款。

建立并不断完善应收账款的清收奖励制度和责任追究及处罚制度，有利于发挥催款人员的工作积极性，也有利于企业应收账款的快速回收。

2．加快存货周转

A 公司对于存货的后期管理可以引入存货分色账本管理办法，即对存货明细账增加账龄动态管理，以不同颜色账本代表存货的不同账龄。存货分色账本管理的优点是可以直观地反映各账龄段存货的品种多少、资金占用状况以及存货的账龄变动情况，促使存货管理部门根据各账龄段存货的不同状况，减少存货积压，督促各部门及时发现问题、解决问题。生产计划人员根据销售情况和存货账龄状况，制定出相应的采购计划，科学合理地安排采购速度，防止超额采购；仓库保管人员每月根据采购计划及储备情况验收入库，对仓库中的超储采购不予接收；财务人员则根据分色账本及时签收单证，及时掌握绿、蓝、红、黑四种账本存货情况。

存货账本可以采用绿、蓝、红、黑四种颜色，其中：绿色账本反映账龄在 1 年以内（含 1 年）的存货；蓝色账本反映账龄在 1—2 年以内（含 2 年）的存货；红色账本反映账龄在 2—3 年以内（含 3 年）的存货；黑色账本反映账龄在 3 年以上的存货。在账页中增加存货余额采购月的分栏，可以清楚地看出某种存货库存余量中分别在各月份的采购量。每季度对存货的账龄进行滚动管理，并根据账龄的增减情况及时调整账本，从而动态地反映存货的账龄变化情况，加快存货的周转，避免长期囤积存货，从而减少资金的占用和浪费。

从上数分析可以看出，企业营运资金的安全性与流动性之间存在着对立又统一的关系。一般而言，企业进行营运资金安全性与流动性管理时，容易着重保障其安全性，而忽略了资金的周转速度；或是尽量加快资金周转，却使其资金出现短缺等安全性隐患。在营运资金管理中一方面要保障营运资金的安全性，使企业偿债风险降低；另一方面还要加强营运资金的流动性，提升其周转能力及利用水平。只有二者同步发展，才能更好地促进企业营运资金的高速高效运行，从而促进企业健康可持续发展。

三、完善资金管理内部控制

针对 A 施工企业在资金管理的内部控制过程中存在的问题，本章将对此提出相应的改进意见，希望能对 A 施工企业及建筑施工行业的相关企业提供一定的帮助，使其资金管理的内部控制更加完善和合理。

1. 优化资金预算控制流程

（1）公司引导预算参与人员树立正确的资金预算控制观念，推进资金预算的事中控制和事后分析

如果要从根本上解决，A 施工企业在资金预算过程中出现的问题，首先必须要从源头上让预算编制人员、审核预算人员、管理人员树立正确的资金预算观念。只有从思想上认识到资金预算对于企业正常运转的重要性，参与资金预算的各级人员才能严格要求自己认真对待资金预算，才能编制出一份合理的资金预算方案。其次，A 施工企业应该对预算编制的参与人员开展相应的专业知识培训，让编制预算人员对编制资金预算形成系统的知识储备。这样，预算编制人员无论在思想还是执行能力方面都能有一个相对全面的提高。

此外，预算不应只是简单的事前预算，而应是一个包括事前、事中、事后的全过程预算，因为每一个阶段都有它存在的必要和作用。A 施工企业资金预算仅仅停留在事前的预算编制上，应加强事中对于资金预算的控制和分析。事后应对事前的预算编制和事中预算调整、执行进行考核，确保资金预算的编制、审核、调整、执行、控制程序都符合企业内部控制管理的要求，符合资金预算管理的流程准则。

（2）制定资金预算编制准则，确保资金预算的合理编制

A施工企业应建立编制资金预算的准则，以指导项目编制预算人员。资金预算应该符合下列几点要求：

1）资金预算的编制要尽可能细致、全面、详尽，符合企业实际情况。各部门、各单位既不能为降低日常支出盲目缩小预算，也不能为怕超过预算而盲目扩大预算，要让资金预算具有可执行性，成为企业管理有效的工具、手段，而不是流于形式。

2）资金预算的编制、审批、调整、执行、控制程序要符合企业内控管理的要求，符合预算管理的流程，任何人不得随意调整和增加预算。

3）资金预算一定要避免无效费用开支，按照各单位、各部门需求合理有效分配资源，既要确保各预算单位顺利开展工作，也要提高企业资源的利用效率。编制资金预算要使用统一的模板，尽量避免个性化设置，以利于后期的汇总、对比、分析和考核。

（3）建立资金预算考核体系，将资金预算与员工绩效挂钩

资金预算考评就是对资金预算的制定是否合理、预算执行是否到位等进行分析考核和评价。资金预算考核是资金内部控制的重要组成部分，考核分为两部分：一是事前考核，考核预算编制人员是否根据本项目实际情况来制定资金预算，事前的资金预算方案和事后的预算执行是否偏差较多。二是事中考核，考核预算执行人员是否根据资金预算来进行日常的资金收支，是否存在行动与预算相脱节的情况。A施工企业应该建立一套完整的资金预算考核体系，将资金预算与员工的绩效挂钩，这样不仅能使企业资金预算管理的绩效得到提高，还能激发员工参与资金预算的积极性和主动性，使资金预算业务流程向健康的方向发展。A施工企业资金预算考核应该包括量化考核和非量化考核。建立具体的指标来进行量化考核。

量化考核，A施工企业应建立具体的量化指标来考核员工的资金预算编制和执行水平。具体的指标设计建议如下：

资金预算偏差率 = 实际资金收支额与预算偏差数 / 资金预算额

资金预算执行率 = 按资金预算执行的资金收支额 / 总资金收支额

资金预算审核合格率＝审核通过的合理的资金预算方案/审核通过的资金预算方案总数

非量化考核，主要考核参与资金预算人员工作的积极性，自身学习能力，工作的责任心和应有的职业道德等。

A施工企业应该根据自身的实际情况，分别给予量化指标和非量化指标相应的权重，这些权重纳入员工的绩效考评，只有这样才能充分激发员工参与编制资金预算，尽力执行资金预算，才能让资金预算落到实处。

2．优化银行付款审批流程，提高付款效率

（1）设立手机审批平台，提高审批效率

A施工企业的银行付款审批流程涉及不同的部门和人员，由于参与审核的人员众多，因此审核效率显得尤为关键。对于参与审核的项目和公司领导人员，由于其并不是专门负责审核的人员，自身本来就事务繁忙，再加上平常可能经常出差，因此不可能在电脑随时登录财务共享平台进行付款业务的审核，所以设立手机审批平台势在必行。这样，审批人员可以不受地点和条件的约束，随时随地进行审批，提高审批效率。

（2）建立银行付款审批考核制度，提高审批效率

A施工企业的银行付款业务审批环节众多，因此一个环节出错就可能占用较多时间。所以，应对审批人员的正确率和审批速度进行考核与监督，将审批人员的工资绩效与其审批速度和审批质量挂钩，将审批单据数量和审批单据单位耗时纳入考核指标体系，提高审批人员的效率和质量。

（3）将线下审批与线上审批合并，减少重复审批

A施工企业的银行付款业务不仅需要项目领导线下纸质签字审批，还需其在线上财务共享平台进行审批，加大了项目领导工作量的同时也拖慢了审批速度。因此，应取消线下纸质签字审批，只需要在线上共享平台审批即可。这样，可以避免重复审批，节约了人力成本和付款的时间成本。

3．加大应收账款控制力度，降低回款风险

（1）根据不同行业，不同经济状况的客户来确定不同的信用政策

A施工企业所处的建筑施工行业面对的是性质不同的建设方，所形成的应收

账款的性质也大不相同。公司财务人员应对客户进行具体分类，一般可以分为政府事业单位型客户、国有大中型企业客户、私有民营企业客户；同时对施工类别进行分类，一般包括房建项目、铁路项目、市政项目等。A施工企业应根据这些分类，准确分析和定位客户的资金情况，识别所形成的应收账款的信用风险。一般而言，政府事业单位资金充足，有财政资金担保，所形成的应收账款数额较少，坏账风险较小。而私有民营企业的资金一般会受到自身经营条件和市场环境、经济环境的影响，形成坏账的风险较大。

（2）加强内部审计监督，强化对应收账款的监督力度

A施工企业应建立完善的应收账款管理制度，总公司审计部门应加大对项目应收账款的监管力度，定期对项目应收账款进行账龄分析，通过询证方式与客户进行对账，用科学的手段展开对应收账款的监管，确保应收账款被及时准确地反映。

（3）加强对应收账款坏账准备核算的管理

A施工企业应根据所面对的客户的具体情况建立相应的坏账准备制度。对于集团和股份公司内部客户所形成的应收账款，应该根据集团和股份公司的财务状况和对项目的扶持力度确定坏账准备的计提比例，而不是笼统地不计提任何坏账准备。对于外部客户所形成的应收账款，应该定期对客户的信用状况和资金情况进行仔细分析，对坏账准备计提比例进行相应的调整，而不是规定各个项目使用相同的坏账计提比例。

4．扩大票据结算外欠款范围，减少对营运资金的占用

（1）公司应加强对项目财务人员和领导对票据支付方式的宣传和正确引导

财务部门要深入领会理解票据业务，对外欠款进行仔细分析，加强对供应商、劳务分包商的宣传力度，积极和对方进行沟通，确保取得对方的理解和支持，先对易于实施的债务单位入手，逐步展开，对单位外部出现的针对票据支付的不理解声音进行正确引导。

（2）强化票据预算，防控风险

A施工企业所属施工项目部要加强项目资金预算管理工作，合理安排资金收支，在事前资金预算时就要充分考虑供应商、劳务分包商的实际情况，合理使用

票据支付方式。同时，要确保票据到期按时兑付，以维护企业整体的资金安全，保障企业的正常运营。

（3）公司制定票据使用的相关奖惩措施，鼓励项目使用票据支付外欠款，节约营运资金

施工项目部与供应商、劳务分包商签订合同时，施工项目部应大力推广使用票据支付，本着公平合理、成本共担原则，形成对外支付方式中货币和票据搭配使用的良好机制。A 施工企业应对使用票据结算积极的项目应给与资金利润分成和财务奖励。这样，将会大大提高施工项目部使用票据计算的积极性、主动性，减少了对营运资金的占用。

四、A 加强现金流管理

针对前述问题，在现金流管理内控环境有效、现金流配置方向既定的条件下，应运用全面预算管理解决短期经营活动、投资活动、筹资活动现金流管理运行效率问题，借助融资创新，解决经营资金、投资资金缺口问题；充分运用价值理论，重新树立企业管理层考核体系，建立自由现金流管理评价体系，解决经营活动中长期资金配置安排问题、投资活动方向与资金配置问题，以及引申出筹资活动中长期的安排问题。

1. 优化完善内控体系

根据 A 建筑施工企业实际，借助同业标杆做法，按《企业内控基本规范》指引，我们需要定期对公司运行内部环境、风险评估、控制活动、信息与沟通、内部监督进行定期评估，不断完善企业运行环境和公司治理结构，为 A 建筑施工企业现金流管理提供有效的运营环境。

1）优化完善现金流管理运行架构

针对 A 建筑施工企业财务管理职能过于传统，专业性人力资源配置不足，停留在核算及财税风险控制上的问题，建议 A 建筑施工企业借鉴中国建筑的管控模式，设立或收购自己财务公司，作为本公司融资顾问，办理内部单位间的委托贷款业务；对成员单位办理票据承兑、贴现业务；办理内部单位之间转账、结算业务、相应的结算、清算方案设计业务；吸收内部单位的存款业务；办理内部

成员单位贷款及融资租赁业务；从事同业拆借业务，为本单位内部所有成员公司溢余资金的理财服务业务。

针对A建筑施工企业筹融资不够专业，建议A建筑施工企业筹融资职能从A建筑单位剥离，委托新设立的财务公司进行运作，同时，建立集团内部银行，促进内部单位资金拆借定价，促进各内部核算单位经营性资金的管控力度。

针对A建筑施工企业预算管理停留于表面，未有预算管理实质，未有效执行与现代企业治理相适应的预算管理制度问题，建议A建筑施工企业建立完善预算执行体系，做实公司预算委员会职能，作为董事会常设的专业委员会，成员应由董事长、公司分管销售、生产、财务的总监及预算委员会秘书组成。主要职能是组织有关人员对公司发展目标进行预测，审查、分析、研究、协调各种经营、投资、筹资预算。预算管理委员会定期召开预算及预算执行会议，由各部门直线领导或者负责人参加，确定目标预算、调整预算事项。

预算管理委员会的主要职责：一是组织企业市场经营、工程管理、后勤保障等职能部门负责人或聘请专家团队，对企业经营目标进行确定。二是分析、讨论审议、确定经营目标，提出预算编制规则、程序。三是组织对各职能部门编制的预算草案、整体预算方案进行讨论、审议，并发表意见。四是在预算编制、执行过程中，发现部门间有摩擦，影响预算管理编制、执行时，给予必要的协调。五是将业经审核后的预算提交董事会，审议通过后，以发文形式，下达预算方案。六是在认真分析、研究的基础上，提出改善的建议。七是根据需要，就预算的修正，加以审议，并作出相关决定。

调整A建筑企业财务处职能，资金科、核算科、税务科保持原有职能不变，增设计划财务科。计划财务科，作为预算委员会执行机构，主要负责组织督导公司全面预算、各直线部门预算、项目预算的编制，审核各项目部、各直线部门、公司全面预算的实施情况。

对于公司经营活动现金流管理中供应商议价能力较差，未能有效传导下游支付条件较差的工程款回款压力，建议A建筑施工企业，借鉴中国建筑、上海建工采购平台化模式，设立或者收购组建自己材料供应链公司。将自身现有供应商进行整合，平移至该平台公司。同时与现有市场建材平台公司合作，开发自己内部的供应链平台，提升自身的集采能力，最大限度占用下游供应商的资源，节约资金。同时，可以考虑与自身财务公司合作，寻求金融对供应链平台公司的支持。

2）优化完善现金流管理体系设计

借助新成立的财务公司实行内部金融调控，原则上不支持独立核算项目借款，对于已经借款独立核算项目实现梯级还款制度，优先还款，给予利息优惠，延期偿还，给予利息处罚等措施；对于有利主业拓展，尤其是高速板块、水利板块、地下管网板块、城市治理板块等有利于公司主业拓展、资质升级的业务板块给予资金优惠支持，并形成激励制度。

调整公司、项目部评价机制，建立自由现金流考评体制，即公司管理层以企业价值增长作为考核体系，项目部坚持自由现金流、项目预算完成情况考核评价标准，解决 A 建筑施工企业考核指标过于注重利润表指标、忽视利润质量指标难以获取长期自由现金流指标问题。

借助公司混合所有制优势，加大管理层、核心技术骨干持股，建立公司与职工共同受益价值体系，助力解决各直线经理对现金流管理驱动力问题。

引入更专业的投资人才，提升 A 建筑施工企业投资活动现金流管理专业程度，使之始终围绕 A 建筑施工企业主业，保持投资资金使用的合理性和有效性。进一步提升公司现金流管理效率，建议公司与金蝶、用友或钉钉合作开发自己的财务管理平台，整合公司业务流、预算流、各审批流程、资金流等，实现财务数据一体化。

2．现金流管理短期解决方案

中长期现金流管理主要是通过价值评估方案解决投资方向问题、业务结构调整问题、经营活动重点问题，目的是解决中长期自由现金流问题。短期现金流管理主要目的是通过预算管理解决价值评估方案第一年经济指标，尤其是现金流管理指标执行问题。

针对 A 公司预算管理有形无实，建议 A 建筑施工企业以价值考核方案作为考评管理层体系标准，分解至各年度，尤其是以最近年度的预编制的资产负债表、利润表、现金流量表，作为全面预算管理经济指标。

公司预算委员会依据经济指标，确立预算编制原则，发给各部门，各经营单位。各部门、经营单位依据此目标、原则，编制各部门、经营单位年度预算，公司预算委员会，汇总各部门、经营单位预算，编制全年的预算、调整各主体年度预算、资金计划，并返回给各部门、经营单位征求意见。最后下达实施。

预算管理要求A建筑施工企业一切经济活动围绕企业目标的实现而开展，在预算实施过程中，落实经营计划、经营策略，强化公司管理、规范公司运营。因此，必须以实现企业预算为目的，落实管理制度，提高预算的控制力与约束力。预算一经确定，在公司内部即具有"法律效力"，公司各部门在市场开拓、施工管理及相关的各项活动中，要严格执行，切实以预算开展经济活动。A建筑施工企业计划财务科，应按照预算具体要求，按"以月保季，以季保年"的原则，编制季、月滚动预算，并建立每周资金调度的惯例。出现异常情况及时上报预算管理委员会。

重点解决经营活动年度收支不平衡问题。依据全面预算，公司已经将公司整体资金流匹配到业务板块，以及围绕业务板块实施各种资源调度。对于一年经营活动收入端，公司根据预算确定各板块经营收入以及对应的现金流入量，倒逼市场部发挥主观能动性，在综合考虑各板块业务履约条件，尤其是收款条件，配置合理经营费用，确保当年各板块业务承揽合同额的实现；倒逼工程部、项目部根据当年欲完成收入指标，尤其是经营现金流净额指标，充分发挥主观能动性，统筹考虑工程施工方案、施工计划、优化施工作业程序，确保施工活动有序进行，按合同履约，工程口直线领导负责履约后的回款、确保经营性现金流按计划流入。配合好材料采购平台、合约预算部做好材料采购及确认工作，确保材料、设备、人工运行效率，保证项目资金使用效率。倒逼供应链平台，在设备、材料、专业团队履约条件已经设置，综合考虑各业务中材料、设备、队伍的统采、统购、合理履约配置，优化经营活动现金流支出。

因此对于A建筑施工企业重点关注是项目预算管理、项目资金计划。重点关注是以完成预算指标，实现收支平衡为主线的各板块业务承揽、承做，工程施工进度、工程收入、工程结算、工程回款、项目施工、项目材料、设备、专业分包是否按照项目预算、项目资金计划要求执行。

在实施预算管理中，重点突出行政领导责任制，赋予财务处更大的职权，即做好财务资金科与财务计划科的联动,确保预算内支出支付顺畅。

财务处应坚守收支两条线。A 建筑施工企业预算控制应当以成本控制为基础,现金流量管控为核心。只有通过控制 A 建筑施工企业现金流,才能确保项目资金的及时回笼、各项费用的合理支出;只有坚持实施收支两条线管理,充分发挥 A 建筑施工企业财务结算中心的功能,才能确保资金调度、使用权力的高度集中,形成资金合力,降低财务风险,保证企业生产经营、对外投资、固定资产购建等资金的合理配置,提高资金使用效率。

建立正确资金投放方向、自由现金流评估方法,用预算管理提升效率,能有效避免短期资金常用问题,则融资中长短期结构不合理将有效遏制。通过标杆企业、万达融资创新启示,以创新融资方式,解决 A 建筑施工企业融资方式单一问题。

目前,A 建筑施工企业资产负债率较高,营业收入增长乏力,信贷融资增长有限。基于此,建议 A 建筑施工企业,凭借国企背景的优势,且在区域内具有影响力,目前公司具有较好的盈利能力,启动债转股、或定向发行优先股,充实资本金,降低资产负债率。

A 建筑施工企业大部分款项支付均采用银行转账、现金票据支付,建议对供应商支付方式采用票据支付。

建议 A 建筑施工企业充分利用新设或收购的财务公司,盘活经营单位内部资金,发挥内部银行调控作用。

建议 A 建筑施工企业,根据业务特性,加大长期借款、债券、中期票据等长期融资,适时关注海外债券融资。

对于项目部设备采购,可以考虑与具有融资租赁模式的设备厂商合作,采用融资租赁购置设备,或者与既具有融资租赁业务又有经营租赁业务供应商合作,节约自有资金。

设立或并购供应链公司后,充分利用公司本身信用,充分利用好财务公司与金融公司合作,与公司配套的供应商确权,配合供应商融资,共享项目利润。在地方政府垫资项目上,在人口密度比较大的地市、县级城市,手续合法情况下,可以接受以地作为款项支付,与长期合作的地产商共同开发,盘活应收账款等。

A 建筑施工企业应收账款金额较大。建议 A 建筑施工企业平衡融资利息、融资费用基础上，进行 ABS 操作。

在推进预算管理进一步完善财务规范基础上，建议海外上市融资，或者在国内实现控股一壳公司，后续进行增发融资。

通过以上措施解决 A 建筑施工企业现金流管理中经营活动、投资活动资金缺口问题。

3. 现金流管理中长期解决方案

国务院国资委修订《中央企业负责人经营业绩考核办法》，对于建筑施工国有企业主要影响是由原先考核利润总额，转为考核净利润、由原先考核总资产周转率，转为考核任期内全员劳动生产率。"一企一策"地考核企业杠杆率，引导企业严控非主业投资、非主营业务的运营，聚焦实业、强化主业。

在 A 建筑施工企业高资产负债率、低运营效率、注重业务体量、规模、利润总额，忽视利润质量、现金流管理，很有借鉴意义。

引入自由现金流即企业价值作为 A 建筑施工企业考评机制，有利于 A 建筑施工企业管理层审时度势，聚焦主业，既兼顾当前，又有助于布局长远，更有利于 A 建筑施工企业实施中长期现金流管理。

目前国资委对 A 建筑施工企业经济指标考核主要为，8% 左右利润增长，8% 营业收入增长。若调整为在贴现率 10%，企业价值每 7—10 年翻一番，则该评价指标有利于管理层聚焦企业主赛道，管理层即关注利润增长，更关注企业持续产生经营性现金流的能力，更加聚焦主业的自由现金流。

建议每年管理层与行业专家、财务专家，定期审视公司主营业务，审视主营业务所处的外部环境，结合公司实际情况，评估主营业务经营状况，以及欲实现公司每 7 年，公司价值翻番，对主营业务赛道布局、企业治理评估以及预实现该目标现实可行的营业收入增长率、自由现金流、可以支撑的经营活动的中长期收支安排，倒推编制预计的 3-5 年资产负债表、损益表、现金流量表。

从经营活动现金流管理收入端，根据价值管理评估方案，对主营业务分析，合理配置公司业务结构，充分考虑主营业务持续产生现金流能力，尤其是对体量大、利润一般、现金流较差房地产板块施工业务撤退方案布局。优选履约能力强的房地产商以及对房地产流动性较好区域市场,对房地产板块业务聚焦于体量同时,更注重于结算、回款,保证合理资金流入;更好利用目前在土建板块形成核心竞争力,聚焦于付款条件较好的棚改项目、安置房项目以及付款条件较好的新型科技企业、消费类企业办公楼、福利房土建项目。控制好利润较高,但现金流回款一般、业务体量一般的市政道路项目,更加注重该类项目经营性现金流管理,充分考虑付款压力转移,即分享利润同时,将供应商、专业队伍、设备提供商支付程度与公司收款进行匹配,确保该类项目有正向经营性现金流;出台长期激励政策,大力开发现金流较好的公路板块、地下管廊、农田水利项目。

从经营活动现金流管理流出端,根据自由现金流评估方案,对供应商、设备、专业承包商进行系统整合,纳入新设立或者并购的供应链平台。通过中长期整合,将规模化、网络化、零库存理念植入公司施工管理过程。按照材料大类、设备大类、专业配套商类型,统谈、统买,按业务类型,设置差异化结算条件,充分占用上游配套供应商资金,确保各板块经营业务经营活动现金流保持在指标范围内。

以经营活动中长期现金流管理,倒逼项目部、工程部、技术部调整施工策略,提升施工效率。

围绕 A 建筑施工企业战略意图,提升 A 建筑施工企业长期获取现金流的能力,建议 A 建筑施工企业投资活动现金流管理更加聚焦于主业。围绕提升 A 建筑施工企业获取现金流能力的资质、品牌、人才、智力、技术、能力等展开投资或资本化支出。每项固定资产、无形资产投资、外部股权投资均建立在获取自由现金流基础上,以提升主业为出发点。目前 A 建筑施工企业投资活动现金流管理方向主要是提升水利、公路、地下管网资质类并购,弥补 A 建筑施工企业短板,提升 A 建筑施工企业获现能力。同时,根据自身规模特性,逐步做产业链延伸的上下游并购,尤其是新型材料类投资,以自有采购体量培育新型建材利润基础、现金流基础,进一步通过规模化、专业化推向市场,培育自由现金流新的增长点。

五、加强客户关系管理

从成本的角度来分析,维持老客户需要的成本远低于开发新客户所产生的资金投入量，因此建立良好、稳固的合作关系，提高客户认可度显得尤为重要。为此，企业必须为客户创造更多价值，为客户输出有效信息，建立良好合作关系。无论是高质量的产品还是服务，都要以客户需求为核心，都离不开客户关系建设。

（1）对客户进行分类

结合客户需求进行划分，主要包括重要客户、主要客户以及普通客户三种类型。其中，重要客户为 A 类客户，主要是指采购规模庞大，而且稳定性特征显著的企业。B 类客户是采购量小但稳定性好的企业。C 类客户的购买量较低。将 A 类和 B 类客户列为核心客户，公司应对其实施特殊管理，建立单独的文件，并任命专业人员进行信息交汇，及时掌握实际信息状态。普通客户虽然购买量较低，但依然不能忽视其所发挥的重要影响作用。只有打破传统服务模式所产生的限制，才能够有效控制经营成本，同时为实现可持续经营目标打下坚实基础。

（2）建立有关客户的信息档案

对客户信用的管理要求 A 公司必须掌握更多的关键信息，并利用科学方式对其进行妥善处理。任何情况下，企业都需要不能盲目销售，唯有"知己知彼"才能提升企业收益和客户满意度。对于 A 公司而言，应尽可能地从管理层以及治理层方面考虑问题，及时进行实地回访、电话调查等工作，对客户信息的变化进行持续、有效跟踪。而潜在客户则可以通过多种形式在线联系，获取其信息。

（3）全面服务客户

A 公司业务部在加大客户关系管理力度条件下，利用不同渠道选择目标市场，进而有针对性开展信息处理活动，持续进行客户档案信息更新，共同为后续销售活动开展做好充分准备。销售目标实现以后，销售活动还会持续。客户关系管理单位应当结合实际需求，完成客户类型划分，同时构建服务档案，有针对性推进不同活动开展，详细做好信息记录等，包括对客户意见进行有效汇总。一方面，其能够更好地为客户提供服务；另一方面，也能够持续进行客户信息的更新。采用全方位客户关系管理方式，不仅有助于提高信息系统建设水平，同时也有助于最终实现动态发展的目标。

六、优化资金运营的保障措施

本解决方案思路是以财务管理思路，即通过科学企业价值评价机制，聚焦于自身主营业务，以用户价值体验即设计施工一体化解决方案为出发点，持续优化和改进自身设计、施工、运营、投融一体化服务，借助融资创新放大企业财务杠杆，做好自身的经营活动、投资活动现金流管理，借助全面预算管理使两项管理活动更加有效率、进入正循环，持续推进公司高质量发展。因此，A建筑施工企业现金流管理解决方案既涉及企业考核理念的转变、又涉及过程中组织架构调整、同时涉及管理手段的优化即预算管理。涉及事项过于庞大、而且专业，因此需要给予方案推行提供持续的人才保障、组织保障、资源保障、制度保障、考核保障，且在推行过程中可能面临各种问题，需要组织保持决策定力、专家团队给予意见支持。具体保障和建议如下：

（1）组织保障

本方案设计的管理理念转变，同时还涉及管理层考核方式的转变。尤其是用企业具备价值理论，自用现金流指标考核公司管理层，这需要A建筑施工企业领导能够企业家精神以及持续保持决策定力。因此，既需要管理层有长期的事业心又需要管理层能够开放地接收新的管理、考核理念。其次，预算管理能否被推动更多的是取决于领导的决心和毅力。如果没有强有力的组织保障，这两项方案推动基本不可行。

同时，受制于体制因素，企业价值理念在国企的推行更需要有情怀，即"功成不必在我，成事必须有我"的心态。因此对于国企领导推行企业价值考核需要领导者的格局和艺术，更要有"前人栽树，后人乘凉"的心态。因此这里的组织保障就是管理层的格局、心态、定力。

（2）人才保障

本方案设计各方面都比较专业，如财务公司、供应链公司设立和运营、企业价值评估、预算管理、融资创新，都需要比较专业的人才保障。对于A建筑施工企业来说，需要引进人才有财务专家、投融资专家、供应链运营管理专家，更需要有行业资深研究员。同时，也需要A建筑施工企业有"不为我所有，但为我所用"的人才观，充分借助外部专家团队力量如会计师团队、行业投融资专家团队、战略规划团队、风险控制专家团队持续给予公司管理意见，必要时深入指导。

（3）资源保障

本方案设计需新设或者并购财务公司、供应链公司这必须新占用公司现金流，因此需要公司给予足够资金支持。同时在推进自由现金流考评方案时，必须引入外部专家与企业管理层进行头脑风暴、更加细致筹划评价具体方案。方案形成后需要通过有效培训融入管理团队的理念、行动。因此方案推广必须提供资源保障。

在全面预算管理中，在年度预算编制中必须有职能部门领导牵头，专人负责，在预算执行过程中也需要职能部门领导负责，专人对接，财务处新设计划财务处需要配备更多的人才，因此这需要公司给予专项资金支持。预算方案推行，还需要不断进行专业培训，必要时还需要聘请外部机构培训，建议 A 建筑施工企业准备专项资金、资源投入，予以保障支持。

（4）制度保障

企业价值评价，即自由现金流评价、预算管理都属于牵一发动全身管理体系，因此必将与原有制度有冲突，为了让方案推行更有效率，在推行过程中需要管理层有定力、决心之外，更需要管理层有解决问题能力。即发现问题，能够形成有效解决方案，解决方案可行能够避免重复问题，则修订到公司制度体系。

在方案推进过程中，各职能部门发现冲突时，能够及时与公司企管处沟通，形成制度修订意见稿，然后试运行可行后，纳入制度修订体系。在矛盾和冲突中不断优化解决方案，并予以制度化，确保方案执行的公司内部法律效力，形成制度刚性保障。

（5）考核保障

为了确保价值评价理念、预算管理有效执行，达到方案推行的目的，建议 A 公司将此方案纳入各责任人、执行人的绩效考核中，直接与个人薪酬、晋升挂钩，为方案的有效推行提供考核保障。

充分借助公司混合所有制的体制优势，将公司管理层、核心技术骨干纳入职工持股体系，共享企业发展红利。有利于自由现金流价值评估体系推行。有利于公司上下长期价值行为。

由于该方案涉及面比较广、方案推行与现有公司治理体系有较大的冲突，需要 A 建筑施工企业管理层，进行审慎评估。评估可行后，需要充分考虑困难，同时在推行过程中保持足够的耐心和定力。

其次，建议 A 建筑施工企业分步实施，先进行全面预算管理、组织结构调整、然后推行自由现金流评价机制，这样有利于减少推进过程中的阻碍。同时，在全面预算管理、项目投资决策、公司大型决策中引入自由现金流决策考评理念，逐步在企业运营中深入、布局，使企业价值理论外化于企业之形，内化于企业之心。

第三章　施工企业资金管理与绩效评价的典型案例分析 2——B 公司

第一节　案例背景

我国对于营运资金管理的研究长期以来都停留在针对单个项目的周转期等要素方面，直到王竹泉教授提出将业务流程与资本运营结合考虑，才衍生出了渠道视角的营运资金管理理论。该理论将经营活动按照业务流程细分成了购产销三个渠道，分渠道建立了绩效评价体系，不但打破了传统研究单一片面的情况，而且为营运资金管理研究带来新思路。本书从要素和渠道两个角度入手对 B 公司各项评价指标进行分析，并且结合现金流量状况对营运资金的影响，深入分析企业营运资金的流动性与盈利性，旨在找出 B 公司在营运资金管理各个环节存在的不足及方法上的不完善。同时，根据企业具体情况提出针对性的优化对策，使得企业加速营运资金使用效率，提升营运资金管理绩效并助力企业持续发展。

由于中小民营企业数据的可获得性较差及管理制度完善程度较低等原因，有关案例研究主要集中在上市公司，鲜少有针对中小民营企业的营运资金管理案例研究。本书针对 B 公司展开研究，在一定程度上有利于深化这一板块的研究。再者，零售企业面临消费者需求多变、供应商良莠不齐、商品品种繁杂等情况，其中涉及大规模的商品流通及资金流动，促使企业必须重视采购商品供应及时性及资金流通等方面的管理。此时，营运资金管理发挥着不可替代的效用，一方面良好的资金运营情况能够保障日常经营活动的顺利开展、将财务风险控制在合理范围内、建立良好商业信用以便于筹措资金。另一方面，资金周转加速间接提升了企业资金的收益率，达到提升资金盈利能力的效果。可见，零售企业通过平衡营运资金流动性及收益性的关系，在保持高速流通的情况下，提高资金收益率，有利于企业价值增值。因此，零售企业提升营运资金管理绩效是非常有必要的。

营运资金涉及企业活跃度最高的资产和负债，其流动及盈利性的高低不但影响了企业的营运及盈利能力，更是对企业财务管理状态的一种度量。营运资金周转效率的高低决定了企业资金流量的快慢，资金周转速度越快意味着现金流量越充足，进而通过高效率的资金周转提升企业的资金收益率。营运资金盈利性的高低在很大程度上影响了企业的资产收益率，盈利性越强意味着资产收益率的提升。可见，营运资金管理在提升企业整体财务管理水平的过程中发挥着不可替代的作用。高效的营运资金管理有助于保障企业运营，在一定程度上规避财务风险，创建优良的发展条件，进而提升企业整体价值。现代营运资金管理理念发生了转变，不仅注重优化企业内部资金运营情况，而且结合上游供应商关系的维护、下游客户需求的快速响应、企业自身配送系统的优化等多种外部影响因素加以考虑。这意味着企业需要结合业务流程的各环节，从宏观层面掌握营运资金的状态，并通过优化各环节的营运资金来提升资金整体的流动性及收益性。

近年来移动支付技术的发展进一步推动了线上零售业的崛起，给实体零售业带来了强烈的冲击。实体零售企业面临严峻的竞争，急需通过管理或者经营策略的变革来对抗竞争带来的威胁，营运资金管理的重要性也进一步突显出来了。零售业涉及的商品种类繁杂，供应商数量众多，消费者需求多样，这给零售企业商品存量、新商品的更新速度及门店补货的及时性提出了更高的要求。其经营特征决定了零售企业营运资金占比相对较高，资金需求量较大及流动性较强等资金方面的要求，这意味着通过提升零售业营运资金管理水平可以有效增强企业实力。因此，零售企业在互联网经济的冲击及营运资金管理理念的发展状态下，要想不被竞争所淘汰，必须强化营运资金管理，提升管理绩效，进而加强企业实力。

本案例经过实地调研的 B 公司，通过获取其真实的资料信息并进行深入分析。发现其自身的经营特征以及发展需要都迫使企业必须加强营运资金管理，通过降低运营部分资金占用，达到发挥资金高效用并提升公司盈利能力的目标。

本研究将有助于进一步丰富营运资金管理研究的实践案例，考虑到之前众多学者已经就理论层面进行了较多的研究，而对于实践案例的理论运用情况分析较少，并且与供应链管理相结合的研究更少的情况下，本书的研究将填充了基于供应链的视角进行营运资金管理的案例资料。为以后深入的研究做铺垫，从供应链的角度，分析企业的营运资金运营情况，通过分析薄弱供应链中的关键供应链节点，从而针对性地提出提高营运资金使用效率的方法。

基于供应链的视角研究 B 公司的营运资金管理状况，为建筑施工类企业今后营运资金管理的研究提供了一个新的视角。资源具有稀缺性，处于激烈社会竞争的每个个体企业都应当寻找自己的供应链短板。并且通过对供应链的管理，使得供应链网中的企业加强紧密的合作关系，同时在管理过程中使得企业财务负责人深化各营运供应链的理解，进而将企业的财务数据与企业的业务流程及处理方式相融合，如此通过全过程的掌控，将营运资金管理理念渗透到业务中去，才能够及时把握企业经营的动向及财务的动向，以防出现资金短缺的风险，进而能从业务流程管理的角度对营运资金进行更好地管理。

B 公司成立于 2000 年，注册资本为 3000 万元，是一家现代化的施工企业，发展至今其规模、质量、诚信在业界享有优良声誉。B 公司基础设施建设完善。公司经营业务范围集中在住宅施工、园林绿化等领域。营运资金是维持企业正常运转的动力，是企业实现价值增值的催化剂，所以通过分析 B 公司营运资金规模、增长率、盈利性、配置结构等基本状况，有助于了解 B 公司针对营运资金管理采取的方式及管理水平的高低。

第二节 B 公司营运资金管理的现状与问题

经济的飞速发展，一方面给企业发展带来机遇另一方面也使企业面临更多的挑战，突出表现在市场对落后产能的包容性不高，市场淘汰机制更加明显。这对于一直发展较为粗放的建筑施工企业而言，无疑得面临更大的挑战。企业不仅要承受外部更加激烈的市场竞争压力，还要忍受来自内部产业链两端供货商和业主的双重挤压，表现为一是供求关系发生变动，处于优势地位的上游供应商要求的大额预付定金的资金占用压力；另一方面是手握优质项目的招标商提出的大笔保证金及施工工程的不断垫资给企业营运资金带来的周转压力。面对诸多问题，笔者想试图从供应链的视角对公司的营运资金进行管理，以帮助企业缓解资金运行困难的局面。

在吸收和借鉴前人已取得的研究成果基础上，以 B 公司为案例研究样本，从供应链管理的视角分析 B 公司营运资金使用以及日常周转的情况，结合 B 公司所处行业特点与业务流程，利用供应链管理理论对 B 公司在营运资金进行重分类，通过计算各供应链环节绩效指标，对可能存在的问题进行诊断，试图找出问题，并且有针对性地提出有助于解决问题的优化对策，以期加速营运资金的周转速度，从而提高企业的整体的管理水平。

从 B 公司资产规模和营业收入规模及增长来看，该公司属于当地中小民营企业中较为有代表性的零售企业，其营运资金管理方面存在的问题，可以反映出大部分中小民营类零售企业营运资金管理方面存在的不足，对其影响营运资金管理绩效的原因分析可以为其他同类企业提供普遍的参考价值。通过分析 B 公司基本状况、管理策略、要素角度和渠道角度绩效分析等方面，全面了解其营运资金周转和管理状态，发现其在管理绩效上虽有一定程度的改善，但仍存在某些不足，本节将结合其策略、要素和渠道管理三方面，总结其营运资金管理中存在的问题并深入分析影响管理绩效的原因，以求为提升企业营运资金管理绩效指引方向。

一、营运资金管理策略过于保守

通过对 B 公司营运资金管理策略的分析，发现其投资和筹资策略均采用保守型策略，企业整体而言属于风险厌恶型，投资方面倾向于减少对外投资并持有大量营运资金；在筹资方面则减少外部融资，主要依靠自发性流动负债来满足企业运营需求。这一策略虽能在一定程度上满足企业日常运营的需要，有效应对客户需求变化带来的经营风险，并能最大程度降低企业面临的财务风险，但过于保守的营运资金管理策略也会引发企业资产收益性较差、债务结构不合理等具体问题。

1. 流动资产规模较大，资产收益性较差

企业投资策略过于保守，未进行有效的对外投资活动，仅注重流动资金的流动性和低风险性，而忽略了其自身盈利性较差的缺点，从而导致企业资产收益性较差。从上文对营运资金投资策略的分析可知，B 公司流动资产占总资产的比重始终较高，且近两年比重进一步加大，均达到了 95% 以上，企业采取的是保守型投资策略，流动资产规模也伴随着总资产规模的增加在不断增长。流动资产规模的增加，虽说有利于增强资金的流动性，保障日常运营活动的开展，维持良好的短期偿债能力，降低财务风险，但其规模过大也会给企业带来一些隐患。流动资产规模较大，意味着企业流动资金的金额很可能超过了最佳需求数量，在保障企业资金链完整的同时，可能会导致部分流动资产闲置，未能充分发挥作用。由于流动资产相较非流动资产而言，其盈利性较差，闲置的流动资产既未投入企业业务流程，帮助企业维持资金流转，也未能对内进行固定资产投资、对外进行股权投资等获取收益，进而降低企业资产的收益性。从流动资产占比数值来看，B 公司几乎没有进行对外投资，资产的盈利性相对较差。流动资产存量增加，带来了净营运资金大幅增长，但企业净利润的增速相对较慢，致使营运资金净利率始终较低，B 公司营运资金质量较差。虽说零售企业需要保有充足的流动资金，以满足消费者的产品需求变动及日常运营，但是过于保守的投资策略会使得企业资金得不到充分利用而闲置，进而降低企业资金的收益性。

2. 未充分利用外部借款，债务结构不合理

B 公司在筹资方面采取的策略也较为保守，致使其只注重偿债能力的提升和商业信用的维护，而忽略了流动负债筹资无法满足企业资金需求的问题，未充分利用外部短期或长期借款帮助企业筹措资金，在一定程度上加重了资金的使用成本，不利于企业运营。从上文对 B 公司流动比率和流动负债占总资产的比重的分析可知，该公司始终保持着较高的流动比率和较低的流动负债占比，说明公司持有足够的流动资产来偿还流动负债，企业流动负债规模相对而言不大，面临的偿债压力较小，无法偿还债务的风险也较低，企业采取了较为保守的筹资策略。近年来 B 公司流动负债占比均值仅为 45.49%，占比相对较低，且其流动负债主要

包括经营活动中自发产生的应付账款和其他应付款等，很少涉及对外短期借款。结合B公司现金流量情况，发现其经营活动现金流入状况较差，面临着较大的筹资压力，此时企业主要通过向股东吸收投资来筹集长期资金，满足公司正常运营的需要。股东投入资金属于股权投资，虽说不用立即偿还可长时间利用，但股权资本的使用成本显著高于债务资本的使用成本，将在一定程度上增加企业的资金成本。再者，企业负债中仅包含流动负债，未涉及任何增加非流动负债的筹资方式，结构失衡，不利于维护企业资金的正常流转。适度地利用对外长期借款等非流动负债方式筹资，可以有效缓解流动负债筹资的压力，帮助企业及时筹足资金，并压缩资金成本。B公司主要通过应付账款等自发性流动负债来筹集运营所需资金，鲜少运用短期借款来筹资，未充分利用对外借款等筹资方式，既不利于企业运营的加速，也无法满足企业对长期资金的要求，增加了企业的融资风险。

总之，B公司过于保守的营运资金管理策略，使得企业资金未能最大程度发挥效用，帮助企业运营并获取收益，从而企业营运资金管理绩效整体表现较差。

二、营运资金管理制度不科学

从绩效的分析可知，B公司近几年针对营运资金管理虽然在一定程度上有所改善，但企业整体营运资金状况仍较差，究其原因在于企业针对营运资金的管理制度不科学。一方面B公司虽然制定了针对各部门运营的详细管理制度，但是缺乏科学合理的资金管理办法，没能将资金管理与企业运营结合起来，也未能实现企业资金流与业务流的相辅相成。这就意味着企业在日常运营过程中，没有将资金运营情况纳入控制范围，只是在经营过程中进行业务流程的优化，而忽略各环节相应资金投入和流转情况的控制，没有执行严格的资金预算及绩效考评制度。所以，企业的资金使用状况未得到有效控制，且投资回报情况也未能及时反馈，致使企业无法有效掌握资金流转情况，从而企业整体营运资金管理绩效未能得到有效提升，现金流量状况也较差。

另一方面，B公司缺乏详尽的应收账款、存货及应付账款管理制度，对于以上要素的日常管理缺乏科学的管理方法，仅停留在经验管理的层面。企业虽说在管理制度中规定，由财务部负责应收、应付货款等相关业务工作，但结合实地调研的情况，了解到这条规定仅是定性层面的要求，并未落实到定量层面的具体措施环节。企业财务人员在日常工作中，通常只关注货款的收付是否到位，并未针对其管理情况进行相应的指标分析，致使不能及时发现应收应付款项周转期波动给企业运营带来的影响。应收、应付款项由财务人员根据经验和合同约定，秉承不影响客户关系的原则进行相关的收付款决策，最后呈现的结果是企业回收货款的时间较长，而支付货款的周期却相对较短。可见，企业过于笼统的收付款管理加重了企业资金周转的负担，不利于缩短资金投入与收回的周期，使得企业运营压力增加。此外，B公司并未制定具体的针对存货管理的相关制度，与存货相关的管理条例主要体现在配送部门管理制度中，具体仅包含出入库单据齐全，入库实物与单据记录商品品种一致，保持仓库内环境卫生等内容。可见，B公司的存货管理较为宽泛，整体上属于思想指导的层面，并未涉及存货仓储管理及具体的存货资金控制等方面的内容，从而企业存货流转未能与营销活动的开展紧密衔接，导致企业无法及时应对客户需求变化，存货方面的无效资金占用增多，企业存货周转期延长，整体资金周转效率下降。

从对各要素周转期的分析可知，B公司五年应收账款周转期的平均值为15.78天，与其面向终端消费者现货现销，应收账款数量较小的交易特征不符，周转期较长，资金运营效率较低。从纵向变动情况来看，近年应收账款周转期出现了延长的趋势，说明企业应收账款回款能力有所削弱，资金运营效率下降。再结合营业收入和现金流量状况来看，B公司近年营业收入飞速增长，但其经营相关现金流入量却始终不足，这也反映出B公司收款能力较差，影响商品变现，现金流入情况不佳，极大地降低了企业资金循环的速度。存货贯穿了零售企业业务活动的各个环节，并且通常企业为了规避断货带来销量下降的风险，也会持有一定品种和数量的存货，这将在一定程度上加重存货对企业资金的占用，对存货的有效控制，将缩短实物流转的过程，加速存货变现，显著提升营运资金效率。近两年存货周转期相较前三年出现了较为明显的增长，说明其存货周转变缓，大量资金被占用而暂时未参与流转，进而增加了企业的筹资压力，降低资金周转效率。应收账款和存货周转期的延长意味着企业货款回收速度较慢，存货变现能力较差，所需的时间较长，导致企业整体资金运营效率低下，营运资金周转期延长。

总之，B 公司不够科学合理的营运资金管理制度，阻碍了企业资金循环的进程，给企业带来了绩效表现较差等负面影响。

三、采购渠道营运资金周转缓慢

通过上述对绩效的分析可以知道，对 B 公司各渠道营运资金的周转情况有了进一步了解，其储运和营销渠道营运资金周转情况均有所改善，但采购渠道资金周转缓慢，周转期逐年延长。B 公司 2014—2017 年周转期呈现上升趋势，从 2014 年的 2.22 天到 2017 年的 99.74 天，上升了 97.53 天，上涨趋势显著且速度较快。逐年上升的周转期意味着 B 公司对该渠道的控制逐渐变差，采购渠道对营运资金的需求量越大，从而压缩了其他渠道可动用的营运资金数量，给企业整个业务流程带来了较大的资金运营压力，不利于企业日常经营活动的顺利开展。根据实地调研情况来看，B 公司采购部门相关管理制度主要包含采购原则的确定、供应商的筛选条件、物资比价系统的建立等与采购成本有关的规定，企业关注的重点是降低采购成本，减少采购环节对流动资金占用，但是企业却忽略了存货储备量、付款方式及时点对营运资金占用情况的影响。对于零售企业而言，库存商品存量的多少，品种的多寡及品质的优劣均将影响销售情况，进而影响企业资金回笼，从而波及企业整体资金周转。付款方式和时点的选择则是企业营运资金控制的一种手段，选择适宜的付款时点和有利的付款方式，不但能够维护企业良好的商业信誉，还能充分利用该部分资金促进企业实物流的良性循环。

B 公司采购渠道占用营运资金的规模飞速扩张，主要是由于企业预付账款规模过大，导致企业相当一部分资金在较长时间内无法投入企业运营，无法发挥其帮助企业业务周转的作用，从而使得采购渠道资金周转变慢。与此同时，企业采购过程中商业信用的利用程度不够，占用合作方资源的能力较差，应付账款规模较小，且付款期限较短，不利于帮助企业筹集运营所需资金，抵消被占用资金带来的不利影响，进而导致采购渠道周转期的延长。B 公司在进行营运资金管理时，忽略了对预付账款规模和时间的控制，在采购环节没有注重货款支付方式的选择问题，导致预付货款增多，资金出现过多的无效占用情况，且付款后要相当一段时间，才能取得所购买的商品，不利于实物资源的流转，给企业自身带来了较为明显的周转压力。

四、理财活动融资渠道单一

理财活动虽与企业运营没有直接关系，但其在推动企业运营过程中，发挥着不可替代的作用，能够有效保障企业经营活动的有序开展，进而促进企业资金良性循环，实现价值增长。理财活动主要涉及对外融资和投资，对外融资偏好将在一定程度上影响企业筹集资金的数量和时间，对这两个因素的控制，不但有利于企业压低融资成本，还能帮助企业有效规避财务风险。此外，融资渠道的通畅以及融资方式的多样性，均有助于企业及时筹集运营资金，保障企业资金链条的完整，进而推动经营活动有条不紊地进行。投资活动侧重于企业闲置资金的合理运用，企业通过规划资金的投放，合理配置资金，既可用于投资门店建设、运输设备等实物资产类，也可用于银行短期理财产品等金融资产，以求为企业带来资金收益，弥补融资费用支出等。相互匹配衔接的投融资活动，有利于企业降低财务和经营风险，并助力企业持续发展。从上文分析可知，B公司理财活动营运资金仅涉及货币资金和短期借款两项内容，其理财活动并未充分发挥为企业运营提供资金保障的作用。B公司筹集营运资金的渠道较为单一，只采用短期借款的方式，且仅2014年获得了400万元的一年期银行短期借款，说明公司取得借款的能力较差。究其原因在于企业现阶段业务扩张迅速，资金需求量大，但整体净利润较低，运营风险激增，使得银行为避免企业无法偿还借款带来投资损失，而不愿向B公司提供贷款。从而使得企业无法及时筹措资金，影响企业运营，使得资金循环中断或停滞，筹资压力进一步加大。

第三节　影响 B 公司营运资金管理绩效的原因分析

一、风险规避意识过于强烈

营运资金管理策略的选择，属于企业宏观层面对营运资金状况的把握，企业通过营运资金投融资策略的制定来影响企业整体营运资金管理的走向，具体包括营运资金持有量的多寡，如何配置企业资金，如何在降低财务风险的前提下筹集资金等等。针对以上问题的决策，在大方向上奠定了企业进行营运资金管理的基调，确定了企业日常运营遵循的总体原则，而这些决策的选择权往往集中在少部分高层管理人员的手中，并与企业高层管理人员的管理经验及风险偏好有着密切关联。选择何种营运资金投资和筹资策略，能够充分反映企业在日常经营过程中应对风险的能力。投资策略的选择侧重于如何配置企业营运资金，是将企业闲置的流动资金用于投资理财赚取收益，还是存于账面应对经营中的突发情况，这两者比例的权衡直接影响企业资金的流动性与收益性。筹资策略主要关注以何种方式筹集资金，企业采用何种筹资顺序，倾向于筹集短期还是长期资金等，以上具体问题的决策关系企业投入的筹资成本以及面临的财务风险的高低，从资金来源的角度切入，作用于企业资金的流通，影响整体营运资金的周转及管理绩效。

结合实地调研情况来看，B公司营运资金管理策略方面的决策，完全取决于企业高层管理人员的经验判断，企业针对营运资金的筹集与运用缺乏统一规划，当面临具体问题时，遵循降低企业经营及财务风险的原则，保持较高的营运资金存量，较少采用短期借款等手段为企业筹集资金。B公司现处于业务快速增长阶段，外部激烈的市场竞争及互联网经济的冲击，均致使企业面临的经营风险有所增加，企业高管站在稳住企业市场份额、扩展业务范围的角度，对营运资金策略进行选择。通常，企业倾向于选择规避风险的措施，在有闲置营运资金的情况下，不会冒险将其用于短期投资理财，偏向保持较大的营运资金规模，或是用于尽早归还货款，以求维护企业良好的商业信誉，降低企业经营风险。筹资方面，B公司流动负债占总资产的比重较高，企业主要通过自发性流动负债来筹集资金，较少采用外部银行借款来融通资金，主要是由于向银行借款企业将面临定期偿还债务的压力，加大了企业的财务风险。企业高管在进行决策时，站在规避风险的视角上，倾向于借助自发性流动负债筹集日常运营所需资金，虽说不能充分发挥财务杠杆的作用，实现高收益，但也在一定程度上有效规避了财务风险。但是，从B公司营运资金策略选择来看，其管理层风险规避意识过于强烈，无论是筹资还是投资策略均属于保守型，在降低企业风险的同时，也大大降低了企业资金的收益性。此外，B 公司在决策时过于看重风险规避，而容易忽略营运资金策略选择对企业运营情况的影响，忽略策略的匹配与适用性将给企业带来的收益，从而导致企业营运资金管理绩效表现变差，资产收益性下降，债务结构不合理。

二、营运资金渠道管理意识薄弱

通过对比基于要素和基于渠道两个角度计算出来的企业营运资金周转期，发现基于渠道的整体营运资金周转期为 79.31 天显著长于基于要素的营运资金周转期 3.00 天，渠道视角企业营运资金周转状况较差，而要素视角则反映企业资金周转较为良好，两者分析的结果反差较大。原因在于要素视角的分析仅涉及三个主要报表项目，未包含企业日常运营中涉及的其他相关项目，未能准确地体现营运资金流转的整体状态。渠道视角的营运资金绩效分析，包含了企业日常业务活动中全部营运资金项目，能够相对准确地反映企业营运资金效率，便于企业找出各渠道营运资金管理的薄弱环节，采取相应的改进措施。B 公司正处于业务增长阶段，面临着较大市场竞争压力，在企业运营过程中重点关注的是营业收入、净利润增长及相关的财务指标数据，企业经营的重心在于市场份额的扩张、业务范围扩展等方面，较少关注营运资金管理绩效方面的具体优化，也未制定与企业业务流程相匹配且适用于企业营运资金现状的具体管理制度。B 公司针对营运资金控制的相关规定较为分散，在各部门管理制度中偶有提及，总的来说不够具体全面，且不成体系，达不到优化企业资金管理的效果，管理理念较为落后，仍停留财务报表主要项目的优化层面。

由于企业日常营运资金管理采取的是基于要素管理的理念，通过对要素的有效控制达到了企业降低整体营运资金周转期的效果，致使企业误以为其营运资金管理绩效已经达到了较为良好的水平。而基于渠道视角进行绩效分析，发现 B 公司资金周转期的变动趋势与要素视角反映的结果不一致，资金运营状况相对较差，说明企业对营运资金管理的认识不够深入，仍停留在各要素周转的角度，缺乏渠道管理理念，不利于整体周转效率的提升。当然，对零售企业 B 公司而言，采购、储运和营销各渠道的密切衔接与配合也是相当重要的，各渠道管理的无缝衔接有利于促进存货在各环节的流转，帮助企业实现实物资产向货币资金的快速转变，促进资金进入良好循环，降低整体周转期，提高效率。所以，企业在进行营运资金管理的时候，应该融入渠道管理的理念，帮助企业更加全面地管理企业资金运营的状态，促进企业资金循环，提升管理绩效，创造更多价值。

三、商业信用运用不充分

商业信用是企业在经营过程中由于预收货款或延期支付货款而形成的一种信贷关系，借助商业信用筹集资金可以有效降低企业筹资成本，但是如果不能合理运用商业信用，则可能会导致企业与供应商或者客户的合作关系终止，影响企业未来的业务发展。采购渠道涉及大量应付预付账款等的支付，能够充分反映企业商业信用的运用情况，通过对该情况的分析能够了解企业采购渠道营运资金周转的状况。

从前文对应付账款的分析可知，B公司2013—2017年应付账款周转期及占比的平均值分别为12.17天和25.77%。说明B公司占用供应商资金的时间相对较短，占用的数额相对而言也不大，企业未充分利用供应商提供的商业信用来筹集资金。B公司在进行应付账款管理时，较为注重保持良好的商业信誉，通常会选择在有充足资金的前提下，较早地偿还货款，维持良好的供应商关系。再结合预付账款规模增长及采购渠道营运资金周转期延长的情况来看，企业在采购和付款环节的话语权较低，对渠道和付款方式的控制不足。此外，这种尽早还款的支付管理方式虽有助于企业获取更多商业信用，但对处于业务扩张阶段的B公司而言，需要大量流动资金来维持企业运营，不利于其通过供应商商业信用获取更多资金，促进业务增长。借助商业信用筹资的方式，不但可以快速获得资金，投入企业运营过程，减少企业资金运营的压力，还能在一定程度上降低企业筹资成本。有效利用供应商提供的商业信用，在不损害双方信誉的前提下，尽量延迟货款支付，不但能充分运用该部分资金为企业创造价值，还能缓解企业其他渠道的融资压力。企业借助可靠的供应商伙伴关系，适当延长货款的付款期限，可进一步为企业获取更多资金，推动企业业务扩张，带来更大的采购需求量，促进双方的合作共赢。

总之，B公司采购渠道营运资金周转缓慢，管理绩效表现较差的主要原因在于该公司未能充分发挥商业信用的作用。

四、融资管理方法不合理

企业融资渠道单一，主要是由于缺乏合理的融资管理方法。从 B 公司的调研中了解到，该公司并未制定科学合理的融资管理方法，企业在有融资需求时主要依靠高层管理人员的经验决策。这种经验决策方法很大程度上受到管理层风险偏好和决策时效性的影响，导致企业由于管理层过于规避风险的经营理念，不能及时筹措企业运营所需资金，无法保证企业经营活动的开展而引发一系列的连锁反应。可见，缺乏科学合理的融资管理方法使得企业面临资金短缺问题时，未能及时准确地进行处理，进而做出不当决策，给企业带来进一步的经营风险。当企业出现营运资金短缺等问题时，B 公司主要通过向股东吸收投资来满足资金需求，没有详细可行的短期筹资规划方案，使得企业资金使用成本增加，整体资金状况不断恶化。B 公司应该重视融资渠道的管理，制定合理的短期资金筹资方案，扩展融资渠道，帮助企业加速资金循环，提升营运资金管理绩效。

第四节 提升 B 公司营运资金管理绩效的优化对策

通过上面的分析，进一步明确了 B 公司营运资金管理过程中存在的问题，针对发现的问题，结合零售企业业务流程特征及影响营运资金管理绩效的原因，本节将为 B 公司提出改善营运资金管理绩效的优化对策。

一、强化管理意识，调整管理策略

（1）树立营运资金渠道管理的理念

B 公司由于未将渠道管理理论融入营运资金管理中，仅从要素角度针对主要的营运资金管理要素进行优化管理，致使其误以为资金运营绩效良好，未能从根本上认识企业营运资金管理存在的问题，未能采取恰当的措施优化整体状况。所以，为了从根本上改善该情况，加速企业资金的价值创造过程，应该在营运资金管理的过程中融入渠道管理理念，基于渠道视角将更多与资金运营相关的项目纳入考虑范畴，对其进行全方位管理。

　　树立营运资金渠道管理的理念是从战略层面为企业营运资金管理实践指导方向，要求企业管理层依照渠道管理的思路，将营运资金划分为相应的渠道，针对各渠道业务特征及营运资金周转特点，为企业制定相应的营运资金渠道管理方法。该方法要求企业在充分考虑自身经营业务特征的情况下，对各渠道营运资金需求量进行合理的划分，使各渠道资金运营呈现相对稳定的状态、渠道中各项目资金结构呈现协调配合的态势。就零售企业 B 公司而言，可以将企业经营流程划分为采购、储运和营销三大渠道，将存货作为特殊因素放到经营性营运资金周转状况的整体评价中加以分析。采购渠道是企业营运资金占用的主要部分，主要是由于零售企业涉及的商品种类繁多，且产品更新换代速度快，消费者需求变化受外界影响较大。企业应该持有足量的存货以满足消费者的需求，并实时保持对市场产品更换情况的监控，及时购进受客户青睐的新产品，根据消费者需求变化的情况调整企业当期购入商品的种类和数量，达到既迎合消费者需求又能降低采购环节资金占用的效果。储运渠道营运资金占用主要涉及仓库租赁及管理成本、配送车队的运输及人工成本等，仓储环境的优劣以及配送速度的快慢，不但影响客户体验感，还会影响企业营运资金周转情况。良好的仓储和配送条件，可以有效降低商品的损坏率，减少存货减值损失，还能实现实物资产的快速流转，加速营运资金周转。营销渠道是企业资金回流的重要环节，通过分析消费者的购买行为，及时反馈给采购部门采购相应的商品，既能增强用户体验，又能促进企业营业额的增长，进而实现实物资产的快速变现，带动资金良性循环。虽说存货没有直接纳入各渠道周转期指标的计算中，但是零售企业的存货与业务流程各环节都有着密切的联系，各渠道的管理都是围绕着存货的流转进行，企业在进行各渠道控制的过程中应该充分考虑存货资金占用的影响。

　　随后，企业应该分别结合各渠道运营的特点，有针对性地进行营运资金管理，使企业资金管理与业务活动的流转过程尽量贴合，帮助企业从整体上提升营运效率。此外，渠道管理理念并不是说只针对各渠道进行分别管理，将各渠道进行联合管理也不容忽视。也就是说企业渠道管理的理念，还要求企业注重各渠道之间的衔接问题，在管理过程中充分考虑渠道之间资金及实物流转的衔接问题，通过内部管理优化，尽量压缩渠道之间的流通时间，为企业整体资金周转提速，提升营运资金管理绩效。

（2）调整企业营运资金管理策略

企业采取不同的营运资金筹资和投资策略，会给企业带来不同的风险和收益。B公司采取保守型筹资和投资策略，均属于低风险低收益的策略，说明企业管理者在进行营运资金管理时，倾向于规避经营风险和财务风险等，通常会偏向于选择放弃高收益的投资项目，减少运用流动负债来为企业筹集资金的方式，保持较高的货币资金持有量，致使营运资金未被充分利用而闲置，资金整体收益性较差。虽说B公司采取的营运资金策略，可以有效规避经营和财务风险，但从长远来看，这种过于保守的管理策略无法给企业带来有效的资金增长，进而阻碍资金循环的顺利进行，将在一定程度上抑制企业业务的扩张和规模的增长。

企业在选择营运资金管理策略时，应该遵循企业获利最大化的原则，在保障企业资金具有充足流动性，可维持企业适度偿债能力的基础上，将不同流动资产负债结构的风险考虑进来，以求达到整体营运资金周转加速的效果。B公司在制定具体营运资金策略之前，可以先对企业各环节营运资金运营状况进行简单的调查，了解各环节营运资金控制的重要节点，以及各部分面临的风险控制点，通过充分分析计算出各环节需要保有的营运资金持有量，并在运营过程中根据实际情况及时进行调整。以上准备工作，可以在定量层面为营运资金策略的制定提供数据支持，不但可以有效降低企业决策失误带来的风险，还能促使企业策略制定与企业运营状况紧密结合，增强企业的决策有效性，实现价值增长。企业在制定筹资策略时，需要将企业偿债能力和面临的财务风险综合一起考虑，找到平衡点，在筹集资金的同时保障企业适当的偿债能力，降低企业财务风险。此外，B公司应该结合外部环境的变动情况和企业自身经营业务特征，将筹资和投资策略综合一起考虑，调整企业营运资金管理策略，适度增加对外筹资和投资，使得筹资和投资活动相互配合，帮助企业优化营运资金管理，进而提升管理绩效水平。

二、完善营运资金管理制度建设

（1）实行资金预算管理，强化现金流量管理

B 公司缺乏科学合理的资金管理方法，对资金的筹集、支出和使用没有明确的规划，致使资金运转过程中容易出现收付款时间点控制不准确、资金链断裂、现金流量状况较差等问题。要想改善 B 公司资金管理缺少时间价值观念和现金流量思维这一状况，B 公司应该重视资金预算管理制度的运用，强化企业对现金流量状况的控制，以求全面掌握企业资金运营的状况，提升企业资金运营的质量。实行有效的资金预算管理，要求管理者站在统筹全局的高度上，统一规划各渠道资金的筹集和使用，使各项目资金得到有效的控制和合理的运用，各项目之间能够充分关联和配合，以求各环节资金占用足够充分合理，进而优化资金使用。此外，借助资金预算控制，可以促进资金流通，增强其流动性，提高使用效益，还能进一步有效规避各种风险。在执行预算管理时，首先需要管理层制定一个切实可行并有利于优化企业营运资金管理的预算管理目标，紧接着各部门负责人根据总体预算目标，明确本部门在企业营运资金管理中的定位及作用，通力合作，按照以收定支、成本费用相匹配的原则，设定明确的预算管理目标，编制基础预算，确定各收入支出项目时点控制问题。再者，在业务活动进行过程中，根据企业经营活动特征和自身资金流动情况，定期对预算进行相应的调整，使得企业预算管理可以被有效执行，并起到优化企业营运资金管理，提升管理绩效的作用。最后，根据各渠道涉及的各部门执行预算情况，进行全面的预算管理绩效考评，并各个击破予以优化。预算管理绩效考评需要制定一个全面的考评体系，结合企业外部环境状况以及企业自身运营特征，针对各阶段预算执行和改进情况进行评分，找出企业预算管理过程中相对薄弱和不合理的环节予以改进，实现企业营运资金合理有效运用的目标。在整个资金预算管理的过程中，需要协调好各渠道之间的工作，降低渠道间不必要的资金损耗，增强对各环节现金流量状况的监督与控制，帮助企业改善现金流入状况。结合闭环式营运资金管理绩效分析可知，B 公司营运资金规模虽大，但其经营活动现金流入状况较差，企业需要强化对现金流量状态的控制，促进各渠道的现金流入，提升企业盈利质量，加速资金周转。此外，通过实施资金预算管理，可以对企业经营和理财活动的现金流量进行统一计划和

安排，使企业能够在资金运营过程中强化现金流量管理理念的实践，进而促进企业资金循环，提升管理绩效水平。

（2）加强应收账款管理，增强回款能力

B公司在业务扩张迅速、营业收入激增的前提下，经营性现金流量净额始终为负数，说明企业有相当一部分销售收入到年末仍然以应收账款的形式存在，企业货款催收能力较弱，只是给企业带来了账面上销售收入和净利润的增长，致使企业经营活动现金流入状况较差，未能给企业带来足够的现金流量，给企业造成了一定的资金运营压力。B公司应该强化对应收账款的管理，促进企业回款能力的提升，给企业带来更多的现金流入，有助于企业经营活动有条不紊地进行，提升绩效水平。企业应该注重对客户信用和赊销政策的管理，赊销活动开始之前，通过对交易客户商业信用和资金实力的充分调查，针对具体客户确定不同的赊销额度，再结合信用管理部门适当的审批程序，由销售部门开展具体的赊销活动，各部门职责分离，按照相应的管理规定和程序确定企业最终的赊销额度，达到在维持良好客户关系的同时，降低企业自身经营风险的效果。在客户信用管理过程中，根据客户资产规模、采购商品规模、合作时间长短等因素，评定不同客户的信用等级，并针对不同信用等级的客户进行分类管理，制定针对性的信用管理政策，帮助企业预防不能收回款项的情况，降低企业坏账损失。此外，在应收账款收款期间，企业应该密切关注购买企业经营活动的变化情况，当其经营活动遇到困难时，信用部门应该及时通知销售部门催收款项，降低企业应收账款无法收回带来的损失。在日常管理中，企业还应该加强对应收账款回款时间的监督及控制，借助与客户及时沟通等手段提醒客户支付货款，降低企业应收账款坏账损失，加大经营活动资金流入，提升企业账款回收能力，有利于规避经营风险，提升应收账款管理绩效。

（3）强化存货管理，加速资金周转

B公司存货周转期呈现上升趋势，说明存货周转速度的提升跟不上公司业务扩张的速度，企业存货管理有待加强。存货的流转涉及企业业务活动各个流程，其快速有效的周转，将在一定程度上降低资金占用，提高资产利用效率和收益。零售企业B公司的商品存货从进入企业到卖给最终消费者，涉及业务流程的各个环节，各环节针对存货的管理重点不一样。采购渠道存货的管理主要集中在采购商品的种类、数量，采购成本的控制，存储环境的控制。储运渠道则主要关注存货传递的速度，以及运输过程中毁损率的控制等。营销渠道重点在于门店存货的管理，保证商品摆放整齐，补货及时，都将有利于企业营业额的提升，进而实现资金周转加速的目标。

企业应该采取科学有效的存货管理方法，注重商品采购成本、存货持有数量、存储条件及流转过程的控制。在采购过程中，企业应充分对比各供应商的商品质量及价格，选择物美价廉的供应商，控制存货成本，有效降低存货对营运资金的占用。存货购买及持有数量的控制，应该建立在充分的消费者购买偏好和商品销量统计数据分析的基础上，将库存商品数量控制在既能满足顾客需求，又能降低存储成本的合理范围内。作为零售企业，B公司的存货主要包括食品和百货两大类，通常食品的保质期限较短，存储条件也比较苛刻，企业应该按照保质期的长短和商品属性对商品进行分类，存放在不同的位置，保障其必要的存储环境，降低存货非正常损失。存货流转速度的控制，则需要强化与供应商、内部各相关部门之间的沟通，使得企业既能及时补货，避免缺货带来的损失，压缩自身资金的占用，又能与供应商保持良好的合作关系，优化企业渠道管理。总之，企业进行存货管理应该遵循及时进行信息共享和根据销售情况制定采购计划的原则，秉承这两项原则进行存货优化管理，可以打通实物资产在企业内部流通的渠道，从优化各渠道营运资金管理入手，加速企业整体资金周转，从而提升营运资金管理绩效。

三、加强渠道关系建设，扩宽融资渠道

（1）建立良好的供应商关系

B公司采购渠道营运资金周转期逐渐延长，周转状况较差，且未充分利用供应商商业信用，均说明企业采购环节营运资金管理水平较差，这与供应商有着莫大的关系。供应商主要通过供货业务流程和企业商业信用两方面，对零售企业资金管理产生影响。企业若能与供应商维持可靠的伙伴关系，就能通过加速供货流程和有效运用商业信用等手段，达到提升企业营运资金管理绩效的效果。建立良好的供应商关系，可以保障企业在获取优质商品和优良服务的基础上，通过有效

的信息沟通，压缩下单和到货之间的时长，减少供货时长，促进采购环节实物和资金的流转。供应商通过规定零售企业货款支付方式，限定了企业的交易选择。当供应商要求企业预付货款再提货时，会产生对部分资金的无效占用，进而加重了经营成本。反之，若企业合理运用商业信用，推迟付款期限，则是对合作方资金的无成本占用，亦是一种短期融资，可以减少自身资金运营压力。通过强化与供应商的合作关系，借助商业信用延长资金占用，帮助企业筹集更多运营所需的资金，减少其他渠道筹资压力。但供应商商业信用的运用，应该注意权衡收益与风险，过分依赖商业信用将带来财务风险的增大，甚至对供应商关系产生不利影响。总之，建立良好的供应商关系并注重收益及风险的权衡，将有效缩短采购时长，并筹集更多资金，帮助企业运营，改善营运资金管理绩效。

（2）扩宽融资渠道，优化债务结构

B公司仅采用短期借款为企业筹集营运资金，且近年流动负债规模大幅上涨，其中其他应付款占比较高，平均值为55.36%，可见企业融资方向较为单一且债务结构不甚合理。融资渠道过于单一，不利于企业在面临资金短缺问题时，及时筹措资金，保障日常活动的顺利开展，且单一的融资渠道也意味着企业融入资金的数额较低，不能为企业提供充足的资金支持。债务结构不合理，使得企业抵抗风险的能力有所削弱，企业债务到期会致使其面临较大的偿债压力，企业则会进入资金循环的恶化状态，并逐渐影响企业运营，所以扩宽融资渠道，优化债务结构十分必要。企业想要改善债务结构，可以从适度运用长期借款为企业筹集资金入手，将长短期负债比例控制在合理的范围内，有效降低企业面临的财务风险。B公司可以根据自身情况，适度运用长期借款融入资金，调整融资结构，既可以降低财务风险，也能满足企业业务扩张的资金需求量。相比股权融资而言，运用债务筹资方式，有利于降低企业筹资成本。零售企业现阶段已经进入成熟期，通过运营创造利润，带来营运资金增长的能力较弱，所以B公司需要不断探索，找到适合自身的筹资组合方式，打破筹资渠道单一的局面，在压低资金使用成本的同时，保障企业正常运营，提升营运资金管理绩效水平。

四、供应链视角营运资金管理整体优化

前文已经对 B 公司的基本情况进行了概述,并对 B 公司在营运资金的管理方面现存的问题及其原因展开了分析。本章笔者将基于供应链角度对每个环节提出优化的对策建议,以期让 B 公司的营运资金管理绩效得以提升,从而提高 B 公司营运资金的管理水平。

1. 建立供应商联盟关系、加强自身信用管理,合理运用融资模式

近些年,B 公司为了扩大市场,降低资金周转方面的压力,有意识地延长了应付账款的周转期,放宽了对上游供应商的信用政策,忽视了双方关系的建立,直接导致长期稳定供应商的丢失,对于突然面临的窘迫形势又没有相应的应急措施,只能听从市场调控,加之之前不良信用行为,新的材料供应商则要求支付巨额的预付定金,这使得 B 公司营运资金周转问题更加严重。所以对于招标采购环节营运资金管理的优化,笔者建议建立与供应商之间的战略联盟关系,最大限度地减少原材料对该环节营运资金的占用。

(1) 与供应商加强战略联盟关系

首先,利用集团总部举行供应商战略峰会的机会,与供应链上下游发展战略合作伙伴关系,加强与原材料供应商联系沟通和劳务分包供应商之间的交流与合作,最大程度地推进企业与供应商之间的战略联盟建设,同时加强与优秀的供应商之间良好的互动关系。其次,B 公司应当制定《B 公司分供方资源管理办法》来明确供应商的分类标准,具体的监督、考核实施办法以及对供应商分级管理的原则和划分标准,最大限度地挖掘供应商潜能,与优质、稳定的供应商建立长期合作关系。再次,管理层应当定期或者不定期地对供应商各评定指标进行抽查评定,各区域负责人根据评定指标结果,加强与履约表现好的供应商的战略合作,有意识地选择施工技术优良的劳务分包公司建立长期合作。

(2) 应付账款商业信用管理

在市场导向关系之下,一般而言,谁在供应链中占据主导地位谁就有话语权,就能够在付款上获更长的信用期限,然后出现"赊销"的行为,也就是指在零库存下先用物料、后付费的"负营运资金"状态。通过前文的分析,可以知道 B 公司在招标采购环节虽然利用延长应付账款的支付时间来降低了营运资金的占用情

况，使其成功地低于了行业平均情况，但是如果基于供应链视角分析，这种利用应付账款的延长来优化营运资金管理的手法，仅仅是把压力转移给了供应商，这对于与供应商关系的维护是非常不利的。要想从根本上实现营运资金的优化管理，B 公司需要对采购付款加以有效的控制，同时合理地利用各种信用政策，根据不同的采购模式采用不同的付款方式。对于某些一次性的采购业务或者具有特殊用途的特种设备的采购，可以选择性地采用延迟付款的方式；然而对于一些经常性的采购，公司则更应该将重心置于如何降低库存上，可以在与供应商进行协商之后合理采用应付账款方式，避免"短债长投"，将应付账款控制在自身信用可以承受的范围内，并且在规定时间内主动向供应商付款，以保证整体上供应链资金的运转正常，维护企业自身的良好信誉度与企业口碑，使企业在遇到资金周转不灵的时候有机会得到供应商更多的支持，从而保证企业的原材料不会短缺，保持一定的稳定。

（3）运用预付账款融资模式

在供应链条中，上游供应商与下游购买方的关系是一种动态的均衡的关系。当上游供应商处于优势地位时，通常会要求下游企业在购买原材料时提前支付预付款，占用下游企业的营运资金，这加剧了本就处于弱势地位的下游企业的资金压力。预付账款融资模式也被看作是一种"未来存货的融资"，它是"银行—上游供应商—下游企业"三方合作的模式，以下游企业对上游供应商的提货权作为担保的一种融资手段，可以有效地解决下游企业营运资金紧缺的问题。

①上游供应商与下游客户双方根据自愿原则达成一致协议签订购销合同，并由下游客户对银行发出办理预付账款融资业务的申请；

②下游客户履行与银行之间的约定，足额缴纳留存于银行的保证金；

③下游客户可以银行给予的授信范围内，不需要向银行申请，直接由客户支付供应商的采购款；

④上游供应商在收到货款后会向银行开具提货单用于抵押；

⑤下游客户如需要更多的授信额度，就应该向银行追加保证金金额；

⑥银行发出通知给上游供应商可在保证金的额度内向下游客户发货；

⑦上游供应商依据规定向下游企业发货。

2018年B公司预付账款突增，占用了大量的营运资金，为了改善预付款下游资金的占用情况，B公司可以通过采用"未来存货的融资"这一预付账款融资方式。首先，由B公司与上游混凝土等供应商签订采购订单，并向银行申请支付定金；然后银行会依据双方商定的定金金额签发银行承兑汇票给上游供货商；介此，B公司因满足签署合约的条件即可与供应商签订正式的采购合同；紧接着，B公司便可以根据合同中载明的金额请求银行支付剩余的货款，银行审核无误后便可签发B公司申请金额的银行承兑汇票。此后，上游供应商收到银行承兑汇票，履行合同约定，发货到银行监管的仓库，B公司补足保证金后申请提取货物，银行准确发货。这种采用预付账款融资的模式很大程度上弥补了B公司营运资金缺口，缓解资金不足的问题，保持营运资金周转的顺畅。

2．加强营运资金的预算管理，提升营运资金管理效率

强化货币资金使用的合理性与计划性，科学地对货币资金进行余缺调剂，精确地完成资金预算的编制，是企业防止营运资金被闲置占用或被挪用最好的方法。B公司应该从全局出发，构建一个科学有效的预测体系，实现科学预算。

（1）优化货币资金的预算管理制度

货币资金的预算指的企业对于未来的资金要如何使用的一个预测，企业特定的会计期间的收支情况以及结余情况都需要借助预算表对外反映。因此，优化货币资金的预算管理对于企业来说是非常重要的，它不仅能够使企业更加有效地对货币资金进行规划，也能够通过更好地控制货币资金的流动性来提升企业对货币资金的使用效率。更深远来说，优化货币资金的预算管理制度可以在很大程度上提高企业的资金管理水平。目前针对B公司存在的问题，提出几点改进建议。

1）建立货币资金预算管理组织

首先，B公司要提高对货币资金预算管理的重视程度，重点开展工作并落到实处。企业应该组建一个货币资金的预算管理小组，包括企业的最高管理层以及商务部、财务部、市场部等相关部门的负责人。然后，通过该管理小组讨论提出一个年度的预算方案之后，再由部门之间进行讨论并形成初始结论，传达给上一级的领导部门进行确认和审核形成最后的结论。再者，企业还应该组建一个负责处理日常事务的货币资金预算管理部门，主要负责监督和管理预算管理小组的工作。最后，在各项目部成立预算管理部门。根据各地各项目的具体情况，编制货币资资金的预算。

2）货币资金预算的编制

货币资金存在于企业日常经营管理的每个环节，因此货币资金预算的管理离不开每一个部门的协作，做到"自下而上"的上交和"自上而下"的工作推进是一个良好的预算编制必备的信息传递机制。同时，总部财务部门作为编制预算的核心力量，必须要积极并且谨慎地参与编制，同时也需要市场部门和商务部门倾力配合，分工明确，才能提高预算工作的效率。总部的财务部门毫无疑问是预算编制的总负责人，需要督促总部分支部门及时地将部门预算上传到总部财务部门，然后再由总部的分支部门督促分公司相对应的分支部门及时将分公司部门货币资金的相关支出及时上传。比如，分公司市场部的货币资金相关支出首先上传到总部市场部确认，总部市场部确认审核完毕后再及时上传给财务部门总部。

3）货币资金预算的执行

企业一旦确定了货币资金预算编制的方案，接下来便是最重要的部分——执行。任何一个方案如果不能得到有效地实行都形同虚设，企业各部门之间必须对方案严格认真地执行，增强其在企业内部的"效力"，提高对预算编制的控制力和约束力。在对资金和成本的管理方面，要使用跟踪控制管理等必要的制约手段，对预算的实施情况做好监督工作，并且执行实施过程中与企业管理方法相结合，全方位地进行预算管理。

4）货币资金的预算考核机制出企业的整体预算。

企业要想将货币资金的管理工作落到实处，还得针对货币资金预算管理工作建立一套有效可行的考核制度，考核制度对于预算工作的执行有效性起着关键性的作用，B企业的预算管理就是因为太过流于形式，缺少了有效的预算考核机制。所以，预算考核机制的建立对于对货币资金的预算工作非常重要，一个有效的考核机制可以大大提高预算工作的效率。B企业应该联合各部门，将每个岗位的绩效建立起关联关系，把货币资金的预算工作真正落到实处，然后由财务部门对每个月、每个季度的预算执行情况加以整理，如果发现问题便将预算管理执行的考核结果纳入绩效。同时也要明确奖惩机制，比如预算工作做得较为精确的部门应该授予其一定的奖励，而偏差相对比较大的部门若在采取措施整改之后仍有所偏差，应该得到相应的处罚，如此赏罚分明，能够使货币资金的执行情况更加到位。

（2）构建信息共享平台，提升营运资金管理效率

如今信息化时代发展越来越快，笔者认为构建基于供应链的信息共享平台可以大大提升营运资金管理的效率。供应链的上游和下游企业建立起一个战略联盟，在这个战略联盟内所有成员的商流、物流、信息流、资金流信息共享，实现整体的协调运营，保证整个生产和流通链条的协调和完善。

在信息共享平台里，来自普通客户的需求信息，来自集团客户定制的生产信息，以及库存、物流和采购等属于供应链每个环节的信息均能够通过平台进行共享。因此，B企业管理层应当将信息共享平台的建设早日提上日程，提高对信息平台的重视度。然后充分利用信息平台，发挥平台优势，利用平台整合多方资源，与供应商和顾客之间的信息互通，避免因信息不对称导致的人力物力的浪费，为企业持续经营和正常发展提供动力。

3. 加强应收账款的管理

加强应收账款的管理是B公司在确认收款环节营运资金管理的重心。笔者将会从三个方面对B公司目前存在的应收账款汇款难的问题提出优化建议。

（1）建立应收账款的信用管理制度

1）成立应收账款管理部门

结合B公司当前的公司组织结构，发现B公司目前尚未成立专门针对应收账款管理的岗位——债权管理部，因此在实施具体的管理工作之前，首先应当成立关于债权的管理部门用于对应收账款的专项管理工作，同时将市场部、商务部以及法约和内审部门共同纳入应收账款的管理部门。

该管理部门对企业的债权管理工作全权负责，属于该项工作的最高管理部门，对于负责人员的任命，建议由总经理担任部长，财务总监担任副部长，下设专门的债权征收管理岗位开张具体的财务债权征收工作。

2）制定信用管理方法

为了最大限度地降低企业坏账的风险，在招投标环节就应当对甲方的资信情

况进行详细地了解，建立甲方的信用档案，进而进行相应的评估，最后根据评估结果做最后的决策。

（2）强应收账款的日常管理工作

施工建筑类企业工程款的回收往往是与工程施工进度挂钩的，生产周期长是其显著的特征，因而应收账款也将持续存在，所以企业有必要加强对应收账款的持续跟进工作。前文中的信用评估是为防止坏账发生的事前控制，完善催收制度和加大催收力度是后期处理工作，而加强对应收账款的日常管理工作则是一种事中的控制。

1）优化应收账款的统计工作

针对B公司目前在应收管理方面的漏洞，B公司应该相对应地进行改进和优化，具体来说，就是将当下进行项目工程的状态、进度、已完成产值、合同约定的付款条件以及经甲方实际确认后的产值一起纳入对应收账款日常管理的工作中，使应收账款的管理更加灵活和全面。

2）加强对工作的及时跟进

第一，与甲方保持实时沟通，对于施工过程中存在的诸多变数，例如施工工期的变动、工程结算的方式等问题，项目负责人要及时做好沟通梳理工作。以防产生因信息不对等而引起的不必要麻烦。

第二，应收账款跟进工作与工程施工进度应当保持一致步调，应收账款的结算必须在监理完成验收后才能进行，因此该环节的项目经理和工程监理人员必须保持及时的沟通和一定的谨慎性。在项目经理对于质量验收合格后应以最快速度通知负责的监理人员进行确认和审核，早日完成结算工作，避免结算被意外延误，导致工程款不能及时回收。

第三，持续监控应收账款的走向情况。公司内部的信用管理部门应该对甲方的重要信息进行不断地更新，比如资金动态和财务状况等信息。并且信管部门应该对这些重要信息进行预判，若甲方经营状况发生变化，出现了资金短缺的问题，已经不足以支付尾款，面对这种突发状况信管部门应该及时结清工程款，特别是对于那些信用度相对较低的客户，应该作为重点监管的对象。必要的时候可以要求甲方提供抵押，避免应收账款成为坏账，为应收账款的及时回收上一份

"保险"。

（3）制定应收账款的催收制度

1）运用账龄分析方法

账龄分析法，指的是为了实时控制应收账款，针对每笔应收账款的周转情况做出相应的直观监测，使工程款能够更快地收回。同时还可以运用该方法对账务进行及时处理，通常情况下应收账款的回收难度往往与账龄成正相关的关系，账龄越长，回收难度越大，财务工作者也可根据账龄的大小及时地进行账务处理并相应地调整征收的力度。

2）合理利用第三方催款

B公司针对多次催收仍然无果的款项，可以合理地利用第三方催收机构，将甲方的资信等级做出合理的调整，重点管理该笔应收款项，将发生坏账的风险降到最低，合理地借助第三方的力量实现应收账款的回收也是一种不错的选择。

4．降"本"与保"质"并重

近年来，建筑行业的竞争日益残酷，原材料上涨和用工成本的增加使得企业施工生产成本的攀升，许多企业不堪重负，行业微利经营状况难以改变。另外，本就处于弱势地位的施工方为了抢占更多的市场，发展粗放型的规模经济，垫资施工，造成企业越发展越困难的尴尬局面，为了解决这一问题，笔者提出以下如下的建议方案。

（1）确保工程施工质量，控制返工率

每一个项目工程的质量对于企业来说都是至关重要的。因质量不符合要求而造成的返工，不仅仅直接造成企业的经济损失，还会拖延整个施工项目的进度，从而对工程的竣工结算造成不良影响，甚至引发业主的索赔。所以，质量这个关卡对于企业而言、对于施工技术人员而言都应该放在首位，坚决避免返工情况的发生，在最大程度上缩短验收时间，同时也减少了费用的支出。建筑施工的过程也是开发项目形成实体的过程，是决定最终产品质量高低的关键环节。对该阶段的质量控制一方面是对建设过程中的过程控制。首先，将施工单位实际的工作过程和与合同中界定的工作范围加以比较，根据阶段性成果的不同，发现工作范畴在执行过程中的偏差。其次，将巡查、普查、抽查等手段运用于整个施工工程并实时监测和跟踪，发生问题并探索出施工单位现场项目部是否按照现阶段施工顺序、方案、质量标准继续作业还是整改的建议。另一方面是在实际工作中对公司可以委托项目的监理单位对施工单位质量管理体系的施工情况进行监控，严格把控工程质量。

（2）利用经济措施控制工程成本

经济措施是最容易被人所接受和采用的措施。管理人员应该以主动控制为出发点，及时管控好工程各种项目费用，尤其是对直接费用的控制。经济措施主要体现在对人工费用、材料费用的控制上。

1）人工费用在全部工程费用中的比重在 10%-20% 之间，在企业的工程成本中有着不小的影响，企业想要控制成本就必须加大对人工费用的控制。一方面是要严格控制用工数量，有针对性地降低和缩短某些工序的用工消耗，避免因窝工而引起的浪费，强化施工团队人员的技术教育情况，对施工团队加强开展培训，使其对劳动纪律加以明确，同时最大限度地压缩辅助用工和非生产用工的人数，严格把控非生产人员比例；实施有效的奖惩制度，建立健全企业内部的成本激励机制，实行奖惩分明的制度。把每个人的工资奖金与绩效建立关系，激励全体员工在完成各自部门或者个人的工作目标的同时，也实现企业利润最大化的目标。

2）在工程费用中，材料费用占全部工程费用的占比的通常达到 65%-75% 左右，对公司的工程成本及经济效益有着重大影响，一般的做法是要以量价分立为原则，对材料用量的控制，即对确定材料的消耗量，实行限额领料制度，改进施工技术，分析用料的性能，力求高价材料替换低价的同质材料，加强对材料的监督和管理，减少二次搬用的不利影响，比如会对材料造成一定的损耗。同时，对于材料的采购、收发、运输以及保管等一系列的流程上，应该合理地堆置现场材料，并全方位地对材料的使用过程开展监督工作，项目负责人应该对施工人员在材料的使用情况上把好关，要求其必须按照施工工艺的要求工作，防止因不合理的实操行为浪费原材料，间接地加大了成本。

第四章 施工企业资金管理与绩效评价的典型案例分析 3——C 公司

第一节 案例背景

以往的营运资金管理研究多拘泥于营运资金要素分类、季节性周期性分类，2005 年王竹泉教授借鉴供应链管理理论，首次在国内提出基于渠道的营运资金管理理论。对营运资金按经营环节进行重新分类，将资金流分类至生产、采购、营销这三个渠道后再进行分析。人们不再以以往固有视角看待营运资金，营运资金本具有的高流动性特点开始显露，贯通于采购—生产—销售整个经营环节中。由此开始，我国围绕渠道理论的营运资金管理方面的研究有所进展。但当前从供应链角度对企业营运资金进行具体优化管理的理论研究依然比较匮乏。针对这一空白，本书在借鉴国内外企业营运资金管理、产业链、供应链研究基础上，就如何利用理论改进优化企业营运资金管理水平进行初步的探讨。

C 公司是大型建筑施工企业，具有管理层级多、项目部分散、建筑产品生产工序复杂的特点，对 C 公司的营运资金管理运用传统方法分析较为片面，会出现营运资金管理分析和具体业务流程分离的弊端。因而本书通过案例分析法、对比分析法，借鉴供应链管理理论，首先对案例企业 C 公司的营运资金管理现状进行分析并提出问题，接着分析 C 公司营运资金管理存在问题的原因，最后针对性地提出优化 C 公司营运资金管理水平的策略，并给出配套的保障性措施。

本案例从供应链管理视角出发对营运资金进行分析，能够避免传统的营运资金管理理念孤立分析单一财务指标的缺陷。与此同时，以单一指标为辅进行补充，点连成线、线变成面，能够更为全面地分析公司营运资金的真实管理状况。

同时，本案例从传统的营运资金管理思路对企业内部财务单个项目进行分析，转变为对企业内部各个经营环节、以及企业外部上游供应商和下游客户关系的管理，偏重于营运资金分布于经营环节的管理与优化。有助于企业避免根据以往传统营运资金管理方法在出现资金问题时无法准确找出原因的情况，基于供应链理论的营运资金管理思路将分布在企业经营各环节的营运资金体现出来，指导企业在经营生产中有针对性地发现营运资金在某一具体业务环节出现的问题。

第二节　C公司行业特征分析

一、行业属性

对于建筑业的概念定义，学者们各持己见。我国国民经济行业分类（GB/T 4754—2017）将建筑业列入我国第二产业E类，同时将建筑业细分为房屋建筑业、土木工程建筑业、建筑安装业、建筑装饰装修和其他建筑业五类。

学者金敏求将建筑业定义为"狭义建筑业"和"广义建筑业"两种，狭义概念指建筑产品的施工生产活动；广义概念的范畴则不仅仅是建筑产品的生产，还涵盖了与建筑生产活动相关的所有服务内容，包括建筑规划、设计、勘察、建材制造、建成环节的运营、维护及管理，以及相关的咨询和中介服务等，广义概念能够真实、全面地反映建筑业的经济活动空间。学者沙凯逊认为，建筑业的内涵不仅局限于建筑产品的生产过程，其活动范围和发展空间也并不囿于"狭义概念"，因此建议以广义概念来诠释。2019年，C公司被证监会划归为土木工程建筑业类别上市公司。本书研究对象C公司虽然以基础设施建设为主营业务，但整体上来看，是集多种业务于一体的特大型企业集团，因而本书选用建筑业的广义概念将C公司划归为建筑施工企业。

作为我国的支柱产业，建筑业对其他相关产业的影响巨大，不仅能吸收大量的劳动力、提供就业岗位，还能够拉动如建材、冶金、有色、运输、电子、机械制造、轻工等多数产业的发展，其兴衰与国民经济的快速增长和社会的全面发展息息相关。

虽然一直保有持续发展，但与已经完全实现工业化的西方国家相比，我国建筑业的劳动生产率水平和产业集中度较低、项目管理水平停留在初级阶段、新型技术人才严重短缺、行业供应链运作不协调，资金运作能力不佳，仍有很大的产业整合空间。

我国"十三五"规划实施与"供给侧结构性改革"期间，建筑业旨在扩大产业规模、调整产业结构、平衡市场供需、完善基于市场竞争的工程造价合理的形成机制，"一带一路"倡议使我国建筑企业进一步加强了海外市场的扩大开放融和，对于消化国内过剩建筑产能有极大好处。建筑行业在国家种种政策指引下可谓迎来了巨大机遇。

二、建筑业供应链与营运资金

（1）建筑业供应链模型

建筑供应链是以建设项目为中心，围绕核心企业（总承包商），包括材料采购、机械设备租赁、设计规划、总承包、分包、竣工验收直到终端客户（建设单位）使用建筑产品的一个网链结构模式，表现为从"供应商的供应商"直到"客户的客户"的信息流、物流、资金流。建筑产品通过在供应链上经过节点企业得到增值，供应链上的相关企业相应收益。

（2）供应链视角下的建筑施工企业营运资金流转过程

建筑施工企业生产经营所需资金的筹措、投入、运营、收回和分配等一系列流动环节构成营运资金流动的全过程。企业用货币资金购置材料物资等劳动对象，形成建筑施工企业的材料存货，这一步使资金形态由货币资金转化为储备资金，企业使用货币资金购置施工设备、运输设备等劳动资料，形成建筑施工企业的固定资产，这部分资金存在形态由货币资金转化为固定资金；随后，进入施工阶段，固定资金和储备资金经过施工生产活动逐渐转化为未完工程、已完工程和竣工工程，资金形态详细转化为生产资金、成品资金。施工生产活动结束后，企业将已完工程交给发包方或业主，按合同造价结算已完工程款，获得工程结算收入，形成应收工程款，资金形态在这一步由成品资金转变为结算资金，通过收款活动再次转化为货币资金。按照竣工结算或非竣工预支结算办法，工程施工的全部价值由工程结算收入补偿，不仅补偿施工生产过程中所发生的全部耗费，还为建筑施工企业获取了利润积累以满足扩大再生产的资金需求。基于供应链视角下的建筑施工企业营运资金与企业业务流程紧密联系，资金从货币资金形态出发，经过招标采购、施工生产与确权收款环节，再回到货币资金形态，完成营运资金的一次循环。建筑施工企业不断持续经营，相应的生产营运资金循环往复地从货币资金形态起点历经几种资金形态后重回货币资金形态，周而复始形成营运资金的周转，企业的资金在不断往复的资金周转中实现增值，从而实现企业生产经营的最终目标。

第三节　C 公司基本情况

C 公司的注册资本为 246.00 亿，截至 2019 年 6 月 30 日，C 公司资产总额为 1.0122.32 亿元，较 2018 年 12 月 31 日增长 7.38%。

以基础设施建设业务作为最大收入来源的 C 公司，具有多种基础设施建设承包资质、作为建筑业龙头企业之一，公司始终在国内基础设施建设行业占有极大的市场份额，仅在国内大中型铁路建设市场占有率就达 50% 以上。公司经营业务包含铁路、公路、市政、房建、城市轨道交通、水利水电、机场、港口、码头，业务范围涵盖了几乎所有基本建设领域，经营区域分布于全球 90 多个国家和地区，C 公司实施多元化经营战略，除基础设施建设业务之外，在勘察设计与咨询、工业设备和零部件制造、房地产开发、矿产资源开发、高速公路运营、金融等业务领域方面也颇有建树，积极促成各业务之间形成紧密的上下游关系，逐步形成企业内部的纵向"建筑业一体化"。

C 公司是经全国评选的首批"创新型企业"，现有员工 20 万余人，拥有多所国家重点实验室，数次荣获多项国家级建筑大奖。

第四节　C 公司营运资金管理存在的问题

上文已经对 C 公司的企业经营状况、营运资金结构与规模进行分析，并且糅合供应链管理研究思路，对 C 公司营运资金管理状况进行深入研究，联合企业经营实际，可发现 C 公司营运资金管理存在以下问题。

一、建材市场不稳定或致公司原材料存货储备不足

2009 年至 2013 年之间，C 公司在此期间未完合同金额一直保持加速增长态势，彼时国内建筑原材料价格走低，为了保持工程项目的施工进度按计划进行，C 公司加大了原材料的储备量，因而原材料存货金额在 2009—2013 年一直呈增长趋势，平均原材料周转期为 20.27 天。

自 2016 年起，C 公司的原材料存货金额开始大幅缩减。这是因为自 2016 年开始，受到国家调控政策的影响，建材制造工业开始压减过剩产能、积极促进产业转型升级。同时，受到环保政策影响，建材企业大面积限产、限开，造成建材供给端产量规模减少，直接表现为水泥、砂、石子、钢材等主要建材价格开始出现上涨。2018 年的原材料存货金额与 2013 年相比几乎少了一半。2013 年开始，原材料存货周转期从 2014 年的 17.90 天降至 2018 年的 7.74 天。在 2014 年起 C 公司未完合同金额逐年加速递增的条件下，原材料存货的存量金额与周转期却大幅缩水，这种未完合同规模与原材料存货存量、周转速度不协调的比例变化足以引起关注。

存货较短的周转时间直观反映着企业较强的存货资产变现能力，存货占用资金的周转效率较高。但是存货的周转时间并不是越短就越好，时间过短、异常的存货周转期说明企业没有足够的存货可供企业耗用或销售，除此之外或许还存在购买量过小、采购次数过于频繁等问题。适当的原材料存货储备是建筑施工企业

生产经营正常进行的前提与保障，能够使生产各环节的调度更加合理，预防施工现场面临停工待料的风险，保持企业的连续生产。建筑施工项目地点往往偏僻而交通不便，采购运输困难，供应商时而因出货量不足而延迟供货；当存货短缺时，工程项目不但会加大延期风险而延迟资金流入，还会发生不可预估的缺货成本；在停工停产时，企业为应对实际需求时有出现"舍贱求贵"的短视决策，这些对企业生产经营产生都产生极大负面影响。C公司在原材料价格上涨的市场背景下大幅缩减原材料存货储备的情况，侧面说明其在价格波动较大的建材市场情况下保障供应的平稳性较差，存在项目停工待料的极大风险。

二、应付账款周转期逐年延长且整体低于行业平均水平

2014—2018年的应付账款占用招标采购环节营运资金量逐年增加，2014—2017年C公司的应付账款周转期从117.84天延长至144.23天。2018年，国家全面动员央企开启清理工程领域拖欠民营企业账款专项活动，C公司积极响应号召，因而2018年是C公司五年来应付账款增长幅度最小的一年，应付账款周转期在这一年发生五年来的首次缩短，周转速度同比加快5.81天。但总体看来，C公司的应付账款周转速度比起行业水平平均慢了8天，占用供应链上游供给端的企业较多资源。根据上文分析可知，在招标采购环节，C公司的营运资金周转能力领先于建筑业的平均周转水平，行业平均值为−115.5天（取五年的算数平均值），C公司平均周转期为−119天，C公司在这一环节营运资金周转速度比行业水平缓慢的主因是存在较长的应付账款周转时间，为招标采购环节营运资金拓宽了使用余地。

建筑施工企业在工程项目的实施过程中所需的设备和材料品种繁多，数量庞大，物资采购与供应是整个企业乃至行业供应链上不可忽视的重要环节，因而维护供应商关系对企业高效运营其供应链尤为重要。然而工程项目存在验工计价方式产生的资金滞后矛盾，部分项目需要靠赊欠采购来保障物资供应。供应链上的核心企业拥有可观的体量、超凡的竞争优势，在与中小企业谈判时处于绝对强势的地位。中小企业作为弱势方，是行业供应链发展的短板。延长应付账款支付时间虽然短期释放了C公司的资金压力，但是在影响企业对外信用评级的同时，

会严重损害中小供应商的利益,不利于行业供应链资金稳定流动。为最大程度争取利益,核心企业往往会对中小企业提出例如高折扣、短交货期、货款展期等等诸多严苛的要求,无疑对中小企业造成巨大压力,影响中小企业内部的资金流转速度。

在资金紧缩的融资环境下,举步维艰并非中小企业的"专属",身处核心地位的大型企业也将负重前行。行业内的恶性流转下,核心企业对供应商的有利地位很大概率会发生扭转,从而造成原材料市场结构不稳定、材料成本异常飙升等另一幅局面,压缩建筑企业的利润空间,同样会制约行业健康发展。

三、房地产开发成本占施工生产环节营运资金较多

C 公司房地产开发成本占用较多施工生产环节营运资金,平均占用资金 10.8%。2018 年 C 公司房地产开发成本增加 192.19 亿元,施工生产环节营运资金周转期受此影响较上年延长 1.83 天。

C 公司房地产开发业务的营业收入在 C 公司全行业总营业收入中平均占比 4.93%,2018 年 C 公司的房地产开发毛利率与 2014 年相比减少了 18.69%,毛利润在 C 公司涉足的所有行业毛利润总额中平均占比 12%。数据皆指出 C 公司房地产开发业务板块的营业收入对公司贡献较小且利润空间不大的事实。2018 年,C 公司土地成交总价相比上年增加 382.93%,全年的经营活动产生的现金流量净额同比减少了 64%,加大土地储备对于资金流的影响十分明显。

建筑施工企业对用于保障企业日常经营周转资金的需求十分迫切,与此同时,当前房地产开发领域去库存任务巨大,C 公司选择在营收占比较小且利润空间不大的房地产业务领域投入过多可能会影响公司的经营现金流使用。目前,降杠杆是各大房地产开发企业的当务之急,拿地因此相对谨慎。C 公司凭借融资成本相对较低的优势,大量增加土地储备,是一种发展策略,但考虑到营运资金周转问题及日后的债务风险,还需谨慎决策。

四、不易变现流动资产占确权收款环节营运资金较多

在 C 公司的流动资产中,应收账款、合同资产(已完工未结算工程)是变

现表现不佳的项目，在确权收款环节占用资金水平较高，二者平均值合计占营业收入 38.39%。通过上文分析得知，C 公司应收账款周转期在 2014—2017 年平均周转期为 82.40 天。2018 年，C 公司全面对应收账款开展清欠工作，得到较大突破，应收账款周转期当年降至 59.88 天，应收账款平均周转期为 77.90 天，虽然在行业良好值之上，但距离行业优秀值还有很大改进空间；与行业内龙头企业 A 平均应收账款周转期 51.61 天相比，C 公司更是延迟了 21.29 天，数字可谓相差甚多。

C 公司合同资产周转期五年间先延长再缩减，平均周转天数为 60.30 天，行业内龙头企业 A 的合同资产平均周转期为 48.45 天，C 公司与龙头企业 A 相比合同资产周转时间多出了 11.85 天。C 公司应收账款周转期与合同资产周转期绝对值较大，表明 C 公司对于已完工工程的计量支付存在滞后性。计量支付滞后存在极大弊端，不但不利于节约施工成本和限制工程造价，最终会严重影响承建工程的竣工验收与竣工决算。竣工验收是连接工程项目由竣工到使用的重要环节，竣工决算是整个建设工程项目彻底完工经验收后，计算工程从一开始立项到交付使用全程所发生的建设费用、核定新增资产、考评项目投资效益的环节。由于阶段性计量支付不到位，导致项目部垫资施工，或是因资金紧张减慢施工速度甚至停工，直接面临接受违约罚单的风险，计量支付滞后会影响新建成工程项目资产价值的确定和交付使用，因而在确权收款环节出现营运资金流入延迟的局面。

第五节　C 公司营运资金管理问题成因分析

一、房地产行业发展面临压力

2011 年至今，国内经济增速放缓，全国固定资产投资总额增长率呈递减趋势。房地产受政策主导，国家持续对房地产市场进行调控，使国内房地产开发市场一直艰难地负重前行。此外，中国房地产市场的健康发展还受到当前国际局势动荡和全球经济增长乏力的双重打击。在美联储加息、全球经济流动性收紧和市场大规模债务到期等因素联合发酵下,全球资金成本上涨传导到国内房地产市场。国内各级政府部门、银行、金融机构等关联方为防控资产泡沫溢出所采取的一系列调控政策势必导致房贷利率上升,降杠杆的进程加快,流向房地产的资金将大量缩减,无一不催生着房地产市场的下行压力。除房地产信贷政策收紧之外,各地关于公积金的相关政策也全面从严,需求端客户规模缩小导致企业房地产去库存压力势必加大。此外,房地产开发业务营业周期与基础设施建设一样具有周期较长的特点,资金回笼较慢。C公司在上述经营背景下,想要壮大房地产开发业务规模并获取与其规模匹配的高额利润存在一定难度,与此同时,迎面而来的资金紧张问题还很有可能会雪上加霜。

二、所处行业产能过剩且同质化竞争激烈

伴随着国内建筑产业规模的快速扩张,建筑施工企业数量持续增长,行业内已经出现恶性竞争的局面,重点集中在低层次的劳动密集型建筑工程市场。企业施工任务量明显下降,全行业初现产能过剩疲态。同质化竞争不仅体现在行业内不同企业当中,还体现在大型集团公司旗下的各级子分公司之间。大量业务类型、经营模式雷同的企业集中于相同的综合承包目标市场,而专业化分工不足,很容易引发激烈的同质化竞争;大型集团未能做好整合资源,将其内部的子分公司按照特定专业制定目标市场,对不同成员企业的项目承包区域划分也不够明确,使其没有充分利用集团公司整合营销的优势,反倒深陷因目标市场的重叠与冲突加剧使集团成员企业间同质化竞争的泥潭难以脱身。C公司作为行业内特大型建筑集团,旗下子分公司众多,营业范围重合概率极高。在当前"僧多粥少"的建筑施工市场环境中,C公司不可避免会出现上述情况,以至于从企业外部到内部都制约着整个集团的营业创收。

三、内外部原因导致账面大量应收账款

建筑施工企业的应收账款问题已是老生常谈,其生产经营特点决定应收账款的必然性。由于建筑产品体量巨大,生产周期跨度往往很大,企业通常根据施工的进度月度或分固定的阶段来进行匹配工程量的工程款结算。然而业主(建设单

位)为了控制自己的资金流出,一般会对资金支付比例提出要求。普遍而言,规定进度款支付比例一般不超过合同总造价70%,剩余没有支付的款项则需要等待直到项目全部竣工时予以计算,与此同时,还需要截留一定比例的工程质保金(通常为总造价5%—10%)后才是最终承包企业能够收回的款项。考虑工期和经济效益,C公司的很多建设项目在施工时不得不垫付大量的资金,预留的质保金要在工程竣工后投入使用一定期间,无质量问题后予以退回。此外,C公司内部在应收账款信用管理工作存在缺失,部门职责并不明确。C公司财务部门与各部门都设有应收账款台账,但大多流于形式,对应收账款的管理重在事后清欠,而非仅局限目光于事前调查与事中管控。

四、原材料价格波动且劳动力成本上升

近年来,国内建筑行业使用的钢材、商砼等主要建筑材料价格波动幅度较大,而工程材料费用一般占工程总成本的60%以上,这对C公司在建工程项目的实际施工成本产生较大影响。再者,我国建筑业整体技术水平较低,以至于当前建筑业仍被归类为"脏、累、险、差"的劳动密集型行业。建筑行业的务工人员主要来自农民工,随着我国"支农、惠农"政策的逐步落实以及全民科学素质与大学通识教育的普及,大多数农民不再将背井离乡来到工作环境恶劣、劳动强度大并且工作时间长的建筑行业作为从业的首选。在当前人口红利逐渐消失的社会背景下,建筑施工企业的劳动力成本逐渐提升。C公司主业基础设施建设利润水平长久居下,因而工程原材料与劳动力成本对营业利润产生的影响不容小觑,本已产生高额成本,若企业内部管理问题再现纰漏,例如存货保管不当损失、劳务人员未进场却记工等,将进一步对企业利润产生负面影响,进而间接对C公司的营运资金产生影响。

五、管理模式滞后引发工程项目管理力量薄弱

从目前的体制上看,C公司在工程项目应用的管理模式仍然是项目经理责任制,这种管理模式沿用了三十多年时间,期间取得了许多精彩的成绩,但在当前高速发展、竞争激烈的经济市场背景下,这种管理模式在企业具体的实施过程中

开始暴露出诸多问题。表现在经历多年实行之后，仍然停滞在项目经理管项目、以包代管的初级状态，标准化和集约化不足，难以有效利用企业各方面管理资源的优势；此外，项目参与成员的责、权、利未经公司合理评定后授予，往往由个人决定；管理关系不明，缺乏明确有效的责任分工，存在管理冗余、重复管理、管理死角等问题；没有实施性强且高效的激励约束机制，从基层项目部到多层级机构，"工作做好做坏一个样"的惰性观念仍未完全杜绝；反复出现重揽轻管的情况，管理过程粗放、过程监督不到位的问题比较突出，显然已难以满足新形势下市场竞争提出的要求；极度缺乏综合素质达到当前企业为适应市场需求所提出要求的项目经理、施工生产骨干、物资采购人员、成本管理人员以及财务管理人员，致使工程项目问题"八花九裂"，例如：机械物资管理存在漏洞，材料的采购、验收、发放、储存等环节缺乏高效高质量的监管；对工程分包时的管理不够规范，还不算完全公开了分包队伍选择的工作流程，缺乏良性的竞争机制；施工管理过程存在工程浪费、干活不算账、算账活未干的情况。施工方案不科学、技术人员失误造成的停工、窝工、返工问题在现场频频出现。

而在公司层级跨度大、施工项目分散如星、不同工程之间存在巨大差异前提下，管理水平又难以跟进，C公司提出的精细化管理，真正落实到实际的施工生产中又出现"水土不服"的现象。这些对C公司供应链上的每一个环节都产生着非常重要的影响，营运资金流通于C公司的整个供应链中，对精细化管理落实情况的。

六、供应链构建仍处于初级阶段

建筑供应链由建设单位、施工方、分包商、供应商以及相关政府等多个利益相关者参与构成，参与成员千变万化，素质良莠不齐。这使得在项目建设中，出现各参与方协调困难，以及供应链运营和整体管理上的困难。在当前提倡供应链管理的背景前提下，对于C公司来说，供应链管理是C公司的一个短板，在实际应用中存在许多问题。物资采购方面，C公司早在2013年便建立起旨在服务集团内部采购工作高效进行的电子商务平台，如今尚在探索期，在理念设计、技术标准和功能设置等各方面还处于起步的初级阶段。建筑施工属于传统行业，说服习惯于传统采购方式的领导与采购人员接受和认可还需一定时间。由于C公司集团内部设有局、处两级机构，子分公司众多，同时分属各个层级单位的项目部地域分散，各子分公司各自探索发展思路，工程项目管理能力高低不齐，考核管理难于标准化；各子分公司依然存在采取分散采购的情况，会出现传统分散采购效率低下的问题，内部供应链效率滞后。加之C公司涉猎多个经营领域，业态丰富，建筑材料品种繁多，物资集约化采购实施易遭遇瓶颈。

劳务分包队伍方面，存在不同人员素质水平差距较大，劳务公司用工流动性大的现象，若工程部门管理疏松，现场计工记录易出现问题，而财务部门因为不熟悉现场情况，容易出现工资错发、多发的现象，这些问题的善后工作将浪费大量人力、财力。

总结来说，C公司并没有完全建立成熟稳定的企业供应链。供应链的资源整合与协调运作本身就是其实施的一大难点，C公司内部经营的上、下游部门协同能力较差，没有将供应链各个环节中的物流、资金流、信息流系统融通利用起来，存在二级单位、项目部间设备重复购置、仓储管理不当材料丢失损毁、劳务用工高度流动、各部门管理人员责任划分不明确、仓储管理不当、材料丢失损毁、费用报销失控等资源浪费现象，导致施工生产成本不断增加，营运资金没有得到良好管理。

第六节　公司营运资金管理问题的原因分析

C公司营运资金管理存在的问题并不是一时造成的，而是由于长期的粗放式管理造成的，受到公司内外部因素的共同影响。通过研究C公司营运资金管理水平低的原因，可以为公司提高营运资金管理水平提供大体的方向，从而推进C公司营运资金的高效运营，促进其长远发展。

一、外部客观环境因素

（1）公司垫资增加了对资金的需要

自改革开放以来，我国不断规范建筑市场经济制度，使得建筑业发展走上了正轨，但是我国的建筑市场仍然存在着不足与欠缺，建设单位与施工单位之间的矛盾不断加剧。在工程项目的开标阶段，并不能真正地做到公平、公正、公开，依然会存在一些建设单位与施工单位暗箱操作的情况，从而使得施工单位不能公平竞争，影响招标的透明度，一方面建设单位有着较大的主动权，可以有意地降低标价，而施工单位为了中标不得已压低价格，甚至收支不能相抵；另一方面，由于施工单位可能不符合中标要求，工程并不能严格按照基建程序开展。在建筑项目的施工期间，建设单位不能按照合同规定来结清款项，施工单位面对激烈的市场争夺，无奈之下只能垫付资金。

一般情况下，建筑施工公司在施工过程中自身并不愿意垫付资金，这样会使得公司的资金回收期限加长，影响公司营运资金的流动性、收益性、风险性，可能会使公司增加承担坏账损失的可能性。但在当前激烈的市场争夺中，垫支资金已被当作是非常普遍的，一方面建设单位可以通过延期支付工程款，占用资金进行投资等，增加营运资金使用量，另一方面施工单位通过垫付资金可以在竞争中扩大规模、开拓市场。因而在建筑行业中，施工单位会由于垫资施工增加对营运资金的需求，在一定程度上会影响营运资金管理。

（2）专款专用造成对资金调度的困难

C公司主要的工程项目是关于水利水电、市政等方面的，这些项目主要与国家的投资有关，一般投资数额较大，我国为加强对资金管理，提升资金运用的抗风险性、合规性等，要求做到"两个必须""两个不准"，即工程资金必须存入专门的银行账户，款项必须用于指定的地方，所有资金要根据我国的财政法规支付，不准擅自使用建设资金，不能随意计算工程成本。现在，许多建设单位要求施工单位必须在特定银行开户，并且要开通网上银行业务，以便于建设单位能够实时监督施工单位资金的使用情况。而银行在国家资金投资监督中，是独立于建设单位和施工单位的，这样就可以推进国家投资资金的安全管理和工程的公开性。由于C公司开展的工程项目施工进度与经营状况并不相同，在一定情况下就会产生营运资金紧张或富余的不平衡现象。但是在甲方与银行的共同监管下，即使一些工程项目资金富余也不能随意调动用来弥补其他工程项目，不能充分发挥内部资金的协调补充作用，从而会影响C公司营运资金的管理。

（3）法律法规尚待健全，施工企业司法观念淡薄

关于建筑行业的法律法规尚待健全，一些建筑施工公司并没有制定完善的应收账款催要制度，以至于在应收账款发生后并没有行之有效的措施进行款项收回，工程款项被拖欠后，也不愿意通过法律手段来解决。一方面是由于担心诉讼会影响公司的声誉，从而使得公司今后的发展困难，另一方面是打官司要耗费大量的时间、人力和物力，即使公司胜诉，在执行方面还是会有一定难度。由于各种因素的影响，建筑施工企业在面对工程款拖欠的情况下，不愿意拿起法律武器来维护自身权益，增加了企业坏账损失的风险，影响了企业营运资金的运转与管理。

（4）市场信用体系不健全

市场经济是信用性与法制性兼具的经济。国家的市场化经济发展时间还比较短，成长的还不健全，相应的法规和失信奖惩措施还不全面，并且缺乏可执行性，对于建设单位和施工单位两者的公平性不足，一些建筑投资单位利用信用体系不健全的环境和法制体系的不完善故意或恶意不支付工程款。在市场信用体系不健全的情况下，施工单位处于劣势地位，在工程项目中不得已垫付资金，在一定程度上影响了其营运资金的管理。

二、企业内部管理的因素

（1）缺乏行之有效的资金管理制度

我国建筑行业日益增长，C公司顺应形势不断开拓市场与自己的营业范围，但是C公司领导者的营运资金管理理念并跟上发展的脚步，欠缺统筹全局的思想，对于资金的筹集与运用没有从全面的角度考虑，规划与实际情况没有一致性。在日常经营过程中，C公司虽然要求各子公司的财务人员每日上报资金日报表，但是并没有充分利用这些数据，仅仅是对其进行归纳总结，而没有去深层次的分析，这样就不利于以后的资金管理。在财务战略方面，C公司开始逐步实施资金预算，制定了较为完善的资金预算制度，要求各子公司各部门根据自身情况汇报其预算

金额，但财务人员在实施过程中缺乏积极性，使得预算制度流于形式，资金流信息并没有真实反馈到管理者。C 公司领导者对于营运资金管理的关注度较低，并未根本意识到其重要性，而且对于公司资金的使用具有随意性，导致公司资金管控的混乱性与低效运营。C 公司营运资金管理模式仍处于粗放式管理，导致公司的营运资金流通不顺畅，会出现流动资金不足或富裕的情况，流动资产质量差，应收账款和存货的周转速度缓慢，直接影响了 C 公司的营运资金管理，增加了其发展中的经营风险和财务风险，削弱了在激烈竞争中的实力。

（2）缺乏科学的财务管理观念

C 公司在日常财务管理中使用了较为先进的财务软件，取代了以前的手工记账，提高财务人员的办事效率，但是采用的主要是针对房地产的原有建筑工程企业财务制度，与 C 公司的具体情况并不相符。C 公司在管理中实施季度考核的措施，主要针对各子公司的经营数据考察，如产值、工程进度、利润等，各子公司的内部财务管理和工程款回收情况只是作为辅助指标，缺乏应有的重视度。C 公司没有制定合理的应收账款管理制度，使得应收账款数额巨大，拖欠时间长，回收缓慢，有些甚至成为坏账，从而导致 C 公司营运资金紧张。

（3）营运资金管理研究不完善

营运资金管控的目的是要衡量营运资金的流动性、安全性、收益性，从而实现运营资金的增值和价值最大化。C 公司在营运资金管理的过程中过多看重公司资金抗风险性，以维持公司的正常业务活动，减少公司使用的多余资金数额，提升营运资金的安全水平等，而没有看到结构性、流动性、获利性的重要性。C 公司虽然着重应收账款的回笼，尽量减少应收账款的所占资金数额，但是对于营运资金管理的研讨仍停留于表面，并没有深入到营运资金的结构管控层面，从而造成了 C 公司营运资金结构不符合实际和流动不畅的局面。

（4）缺乏对财务人员的培训

C 公司中财务人员虽然有一定的建筑行业的经验，但是其专业素养还是不能满足 C 公司的发展。财务人员能够根据企业的日常业务来编制三大财务报表，但是缺乏对于报表的分析能力，根据以往的数据不能准确预测 C 公司的营运资金使用情况，不能为企业领导人员的决定提供有效的财务信息。C 公司应该根据国家财政政策、税收政策等变化,及时对财务人员展开培训,提升财务人员的专业素养,增强其营运资金管理观念,为 C 公司的发展献计献策。

第七节　强化营运资金管理的具体措施

一、合理确定营运资金结构

C 公司的营运资金结构存在着很大的不合理因素,因而针对其问题改善 C 公司的营运资金结构,应从以下几点着手解决:

1. 优化资产结构

(1)盘活存量资产,调整资产结构

目前 C 公司存在着存货运转速度慢、长期资产闲置等问题,流动资产所占比例低,不足以带动其他资产的运转,降低了长期资产运营收益,使公司陷入了营运资金不足的困境。因此,尽力使公司中的存量资产能够变为活动资产,提升其使用效率,用变现的资金填补流动资产,以改变资产构成比例,增强营运资金管理水平。C 公司应全面清查存货、固定资产等,对于闲置、使用效率低的资产应采取合适的处理方式,如出售、租赁等方式,加速资产的流动。在提升资产的流动性下,应该权衡流动性和效益性,根据日常生产经营和债务偿还的需要来合理安排流动资产的存量,合理安排流动资产在营运资金中的结构比例。

(2)合理选择负债程度

资产负债率高是建筑施工公司的重要的特点。这种情况的产生不仅是由于建设单位要求建筑施工企业垫付资金,更是因为举债经营能够利用其杠杆效应,给企业带来额外的效益。但是,仅在负债带来的息税前利润率高于其资本成本时,负债就会产生财务杠杆效果;反之,则会给企业带来损失和负担。所以公司在选择负债程度时,应权衡其风险性和收益性。

现在 C 公司资产负债率在同类企业中居于较高,但 C 公司仍处于不断发展阶段,还需要较多的营运资金来保持其增长速度,因而其提高资产负债率是可行的，通过筹集资金，可以获得超额收益。一般来说，公司不能通过一个确定的数值来衡量资本结构的优劣，应该参照公司的实际发展状况，确定公司资本结构的合适空间，不能使资产负债率太高或太低。若太高，会让公司承担较高的风险水平；若太低，则公司不能很好地运用负债的杠杆效应，减少了借款利息抵税的作用。

2. 合理确定债务期限结构

基本来说，长期筹资方式承担的财务费用相对于短期筹资要高，而风险则要低于短期筹资。在流动负债的结构性管控中，应该平衡其获利能力和风险，抉择出既能使风险最低，又能使公司获利水平最高的构成比例。平衡长短期负债的结构比例能发挥财务杠杆效应，减少承担的财务费用，提高资金使用效率。因而，要把风险与效益作为合理安排长短期负债结构管控的重要标准，不能只重视获得经济效益，而随意增加流动负债的比例，降低公司的安全性，也不能只维持资金的安全性，而极力减少流动负债的比重，降低了其成本效益。

C公司在经营管理中资金的筹集一大部分来源于银行借款，短期借款在营运资金中所占比例较大。根据营运资金管理策略来看，最合理的是流动资金由长短期借款共同组成。C公司短期负债过多，增加了其利息负担，造成营运资金结构不合理、营运资金流动不顺畅。因此，应制定合理的资金管理策略，协调运营资金与其他相关资金之间的结构联系，适当采用长期负债的方式来筹集资金，可以充分利用其杠杆效应，重视资金风险与效益的平衡，降低C公司因短期借款带来的财务风险。

二、强化营运资金的管控

1. 建立健全营运资金管理制度

C公司营运资金管理不健全，在一定程度上是由于没有操作性强的资金管理政策，主要依靠领导人员的经验，并没有科学的管理方法，因而应建立健全营运资金管理制度，如营运资金计划制度、内部控制制度、内部审计制度、人员培训制度等，严格控制营运资金的收支，提升资金收益水平。

C公司建立了营运资金预算制度，对于营运资金有一定的管控，但是制度并不完善，没有很好的执行力和有效的监督，流于形式。因而，C公司应在编制资金预算时，参考各部门的实际情况，与各部门进行有效的沟通，使资金预算更加符合实际情况；在资金预算执行中，应结合相应的考核制度，深入推行，管理人员在执行中要起带头作用，给公司人员树好榜样；公司应设立专门的机构对于预算的执行进行监督考核，做到公正、公平，不仅要事后考核，而且要阶段性地进行检查，尽早了解预算制度实施阶段中不足的地方，并且进行修正，使其与现实情况更加相符。

内部控制和内部审计两种制度在公司营运资金管理中发挥着重要作用。C公司应建立健全这两项制度，严格管控公司的现金流量。C公司要树立"钱流到哪里，管理、监控就紧跟到哪里"的观念，将其贯穿于企业日常管理中，对于现金收支要严格管控，了解其详细用途，对于违反规定的人员，要给予严惩。企业内部审计制度的建立是公司进行自我检查监督的关键环节，是严格管理营运资金的不可或缺的制度保障，应与会计事务所的审计相衔接，是对内部控制制度和资金预算制度结果的考核与反馈。通过建立专门的内部审计部门，可以通过对于预算制度、内部控制制度进行检查，反馈其中存在的问题，并进行财务分析，提出相应的解决方案。

财务管理人员在公司营运资金管理中发挥着重要的作用，但C公司财务人员缺乏系统、专业的管理知识教育，主要是根据其积累的工作经验来管理，因而应加强人员培训，提升其专业素养，紧跟国家相关财务制度的变化，进而改善营运资金管理状况。

营运资金管理制度是公司进行管控的基础与保障，建立并完善管理制度，能增强管理观念，提升营运资金管控水平，因此C公司应改进营运资金管理制度，加强对资金的管控。

2. 实施资金的集中管理

目前C公司及其所属子公司独立核算，在银行有自己的结算账户，导致公司资金严重分散，集团不能充分利用资金结算的非一致性，使得面对资金不足的情况时，不能利用公司的集体资金长处，从而使营运资金流动不顺畅、低效运营。

随着互联网的普遍使用，公司可以对资金进行整体的管控与协调，进而使对资金进行全面管控不再只停留于思想层面。针对C公司现金混乱的情况，C公司应该建立统一结算中心,减少各公司在银行账户数量,在专门的银行开立结算账户,集中管控母子公司的现金收入,各个公司不能随意使用,需要经过审批制度审批;根据各个公司的日常资金使用情况给予备用金;根据各个企业的经营需求,统一支付资金,并对资金的运用进行监督;根据集团资金的需要,由集团进行资金的筹措,确保资金的流动性、收益性;根据各个企业的来往款项,整理分析各企业现金流量情况。通过建立结算中心,能够严格掌控公司资金使用,避免出现混乱,提升营运资金管理水平。

在对企业资金进行统一管控过程中,母企业具有资金管控的最高权力,应从战略层面对资金进行管控,做出正确的投融资决策,制定资金的使用规划,对资金的运用拥有最终分配权。但这并不意味着子公司不能拥有自有资金,子公司在日常管理中有一定的现金使用权,在一定额度内允许其自由开展业务,进行日常经营,一旦超出额度就应该经过集团相关部门审批,从而获得资金,通过集中与分配相结合,这样会使得 C 公司的资金使用更加灵活,更好地促进母子企业共同成长。

三、合理选择融资方式

C 公司主要以银行短期借款作为筹集资金的主要来源,相对于长期负债来说,银行短期贷款资本成本较高,容易受到国家相关经济政策、银行信贷规模的影响,具有很高的风险性。随着 C 公司不断扩大规模,银行短期借款远远不能达到公司发展所需营运资金的要求,而且银行短期借款来源不稳定,需要短期内偿还,不能顺应 C 公司发展的长远性。因此,C 公司应该树立可持续发展的经营理念,改变单一的融资模式,形成多样化的融资形式,不再局限于银行贷款筹集资金,而是选择合适的融资形式,开拓营运资金筹措的来源渠道,从多个渠道填充营运资金。

1. 适度使用商业信用

C 公司银行短期借款较多,在营运资金短缺的情况下,再次向银行筹集借款会比较困难。因此,C 公司应该适度使用商业信用,其是一种自发性的筹资方式,所受的限制条件少,包含应付账款、预收账款、票据等三种方式。

通过流动负债结构比例分析，我们了解到 C 公司应付账款比例较大，因而应该适度控制应付账款的使用，维持企业的良好信用，为以后更好地通过商业信用筹集所需资金提供保障。C 公司应该选择预收账款、票据两种方式来筹资，通过以上的两种融资方式可以缓解营运资金紧张的情况，能够既利用外部资金，又能获得自身所需物品。

商业信用方式相对来说简单易行，可以更加灵活地适应公司资金的需要，并且基本上没有筹资成本，这样会降低企业的资金成本，更好地利用外部资金，但是应该适度使用商业信用，如果超过一定额度，则会使得企业的声誉降低，合作企业不再愿意继续搭档，从而不利于企业的生产经营发展。

2. 合理控制应付费用

应付费用也属于自发筹资形式的一种，是公司自发的短期筹资渠道。建筑施工公司中的应该支付的费用通常包括应付工资和应交税金，均是公司应该支付而没有支付的费用。应付费用不同于公司的三大期间费用，这些并不是在产生时即日要付款的，而是在形成后规定的时间付款，如工资是月付，所得税是季付。在费用发生日到实际支付日的期间内，这部分资金公司是可以使用的，就如同无息短期资金，并无筹资成本，因此 C 公司在支付应付费用应合理管控，充分运用这种融资方式。但是这个筹资形式有着自身的不足，即法规和习惯不能让其随意运用，所以，运用过程中要合规。

3. 适度使用应收账款代理

应收账款的代理是指当企业拥有大量的应收账款而又急需资金时，企业可向金融机构出售自己的应收账款，来筹集所需要的短期资金。

随着金融体制的不断改革和完善，应收账款的代理不断普及，为企业在短期筹资方面更加方便。在建筑行业的项目中，建设单位无故不支付施工公司的款项，使得施工公司应收账款数额较多，从而造成营运资金短缺情况。施工公司可以通过应收账款代理的方法使应收账款快速变现为现金，从而削减应收账款数额，填补营运资金空缺。但是这个筹资形式并不完美，也是有一些不足的，比如筹资所需费用较高，比基本利率高 2%—4%。因此，施工企业可以适度使用这种融资方式，权衡成本与收益。C 公司作为典型的建筑施工企业，应收账款数额多，账龄时间长，不容易回收，甚至会承担坏账的损失，在这种情况下，可以合理选择金融机构来代理应收账款，从而暂时缓解营运资金紧张的情况，满足公司生产经营管理对营运资金所需的数额。

4．实施联合体投标

联合体投标指的是具备承担工程项目承包的相应资质条件的两个或两个以上的企业组成联合体作为投标申请人参与工程项目投标。随着 C 公司的规模不断扩大，C 公司工程项目的投标数量日益增加，投标保证金的需求也随之增长，但是由于 C 公司营运资金管控不善，使得其营运资金出现紧张的局面。在这样的情况下，C 公司可以选择联合体投标，利用自身的资质、公司声誉等优势来联合一些资金富裕而资质不符合要求的施工企业共同投标，这样就可以双方发挥所长，增加了中标的几率，可以推动双方共同发展。但是这仅仅是一种暂时的融资方式，不能作为长期的筹集资金的措施，C 公司应从根本上加强营运资金管理，合理安排营运资金结构，提升其自身的竞争实力，不用再依靠其他企业，促进 C 公司真正的发展。

四、加强应收账款管理

随着建筑行业竞争日趋激烈，工程款拖欠在建筑行业中已经具有普遍性，是行业竞争不可避免的产物。通过对 C 公司的流动资产结构分析，应收账款所占比重高达 37%，数额较大，账龄结构不断恶化，有的甚至成为了公司的坏账，严重影响了营运资金的安全性和收益性。因而 C 公司应该加强应收账款的管控力度，要做到应收账款发生前、发生时、发生后的全面监督，降低公司承担坏账损失的财务风险，进而推动营运资金周转，提升公司的竞争实力。

1．做好资产调查和信用评估

在应收账款发生前，C 公司应该提前做好风险防范准备，以最大程度避免发生资金不能及时收回的情况。C 公司主要面对的业务是工程项目，因此在投标前要对甲方的资产和信用进行科学的审查及评估。C 公司专门的招投标部门可以采用基本的"5C"系统对甲方开展信誉评价，主要是从品德、能力、资本、抵押和条件等五个层面来评估甲方的信誉。

通过采用"5C"系统进行信用评估，C公司能够了解到甲方在以前工程中是否没有按照合同进度支付工程款；能够知道在工程款拖欠的情况下，甲方是否具有偿还拖欠的工程款的能力，是否有可以用于抵押的优质资产，可以考察到甲方的现金流状况；能够知道客户的财务现状，来预测其以后的经营情况；可以了解可能影响甲方支付工程款的外部因素。

因而C公司应该做好资产调查和信用评估，不仅要在工程项目投标前进行评估，而且在工程项目开展中，应该定期或不定期地对甲方公司的财务状况、经营环境等进行持续监督，避免出现意外因素导致工程款的拖欠，从而影响公司营运资金的流动性。

2．完善应收账款的管理制度

（1）加强施工过程监管

C公司应在运营部门下成立内部监理，与外部监理同时对项目的质量水平实施监管，确保项目能够按照合同规定完成，以避免出现甲方因工程质量不符合合同要求而不按时支付工程款的情况。在工程施工前，对甲方进行了资产和信用评估，因而在施工过程中，要根据其信用评估结果，采取不同的措施。对那些信用评估结果较差的甲方要严格监督其付款情况，如果其不严格履行合同条款，未根据施工进度支付工程款，C公司应当马上停止施工，及时与甲方进行沟通，沟通无效的情况下，应采取法律手段维护自身权益。

（2）制定应收账款催要制度

C公司在应收账款发生后，市场人员会催要款项，但是并没有制定完善的催要制度，因而应收账款数额不断增加，拖欠时间也越来越长，甚至有些形成了公司的坏账损失，致使C公司营运资金循环不畅。C公司应该加强应收账款管理，根据绘制的账龄结构表来对形成的应收账款实行持续的监管，根据不一样账龄的应收账款，建立针对性的催要对策，及时收集应收账款的回款信息。C公司应该设置专门的部门或人员对应收账款进行管理，在催要过程中，对于拖欠时间较短的单位，可以给与一些提醒，但不应该过多打扰；对于拖欠时间稍长的单位，可以及时沟通催要，但应该注意催要方式，不要过于直接；对于拖欠时间比较长的单位，要采用信件、电话等方式进行频繁催要；对于拖欠时间更长的甲方，为了避免更多的资金损失，必要时可以拿起法律手段，对甲方提起诉讼。

（3）完善相关会计处理方式

C公司应收账款数额较多，应该根据我国企业会计制度关于应收账款的相关规定，建立健全坏账准备计提制度，根据企业自身实际发展情况选择合适的坏账准备率计提坏账准备。财务人员应该经常通过绘制账龄结构表对公司的应收账款实施监管，根据参照以前的工作经验和欠款公司的经营现状，合理预测将要形成的坏账，制定相应的回款制度，加快应收资金的回笼，降低公司的财务风险。

（4）建立合理有效的奖惩制度

C公司不仅要把对应收账款的监督检查贯穿始终，还应该建立合理有效的奖惩制度与之相辅。在项目开展阶段中，针对应收资金的回笼，应该由工程项目责任人进行催要，对其实行项目与项目款的回笼双向考核。项目结束后，针对后期项目款的催要，应该由项目责任人与财务部人员两方面开展，这样既不耽误其他项目的开展，又能更好地回笼款项。在一定期限内，若工程项目责任人不能收回款项，应根据奖惩措施，对其进行惩罚。在对公司项目工程所进行绩效考察时，既要考虑工程完工程度，还要考核应收账款的回款率，将其与工程所人员的绩效工资挂钩，督促其催要应收账款，改善应收账款回收困难的局面，增强营运资金的管控。

第八节　供应链管理视角下营运资金管理优化策略与保障措施

一、招标采购环节营运资金管理优化策略

通过分析，C公司存在未完合同规模与原材料存货存量、周转速度之间关系不协调的问题。存货周转时间过短，暴露出企业没有充足的存货可供企业耗用或销售，或许还存在购买量过小、采购次数过于频繁，存在大量零星采购方式购买

物资应急的问题。但零星采购不利于控制采购过程和产品质量，供应及时性存在波动，采购过程不易控制，易受人为因素影响出现偏差，不利于供应商的培养和实现供应链的优化，频繁采用反而会增加采购成本。然而集中采购又存在效率与规范相互矛盾的固有缺陷。此外，在招标采购环节产生的资金浪费，会转化为未完工程大量占用施工生产环节资金。建筑施工企业在工程项目实施过程中，所需要的各类设备和材料品种众多，数量可观。对于 C 公司来说，选取高效的采购方式，选择恰当的供应商并建立与之相应的采购战略和相匹配的供应商关系，进行高效精确的采购支出分析，对于成功运营供应链上的营运资金尤为重要。

1. 重视与优质供应商建立长期战略合作关系

由于物流供应易受不定因素的影响，设备材料供应商常不能在规定的期限内提供设备材料，造成企业与供应商之间的争端。通过信任与信息共享机制建立起来的合伙关系，可以简化或省略一些中间环节，为企业经营争取时间。

C 公司当前采用的传统集采方式，仍停留在以询价、竞争性谈判、招标采购等方式为主的模式随机去确定供应商，故而与这类缺乏一定实力的供应商往往是短期合作，难以发挥供应链整合优势，难以对物流、信息流、资金流形成有效协调与控制，且合作存在风险，缺乏稳定性。C 公司作为具有 70 多项总承包特级资质的特大型建筑施工企业，拥有规模庞大的总体需求，具备作为核心企业建立完整供应链的条件。因此应积极寻求高实力、高信誉、资金良好、产品质量有强力保障的供应商建立战略合作联盟，通过和合作供应商积极地、适时地、全方位地对接物流、信息流、资金流，防控采购环节风险，降低采购成本，提高招标采购环节营运资金使用效率。

2. 优化集中采购组织和供应模式

2007 年，C 公司建立了以总部、二级公司、三级公司为控制节点的三层集中采购管理体系，全面推行集中采购管理工作。2015 年，全公司各项材料物资、机械设备的集中采购比率达到 90%。传统集中采购方式的弊端伴随着全公司集中采购规模扩张而暴露，直观体现在采购的集中度不足。C 公司 2018 年的物资采购总额为 2500 亿元，其中总部层级的物贸公司实现集中采购供应金额仅占总额的 9.12%，二级公司层级集中采购金额占总额的 84.00%，但依然为以集中组织招标管理具体单位为主，实际供应的集中度不足，大量一线项目部仍是实质采购主体。由于 C 公司管理层级较多、组织机构复杂，集中采购工作实施具有困难，因而目前集中采购工作主要是以三级公司以下的基层分公司和项目部分散集采而展开的。

C 公司下属物贸公司有数十家，物资供应机构网络面积大，重复设置管理人员和设施，集中采购效率低下。当前 C 公司集中采购的物资范围局限于大宗材料，集中采购方式还未应用于其他物资采业务。针对这些问题，本书提出以下解决办法：

（1）提高部分采购业务的集中性，将 C 公司三级集采管理体系提升至总部、二级公司两级，需大量并且可以批量采购的重要产品实施二级集采。一方面目的在于加强采购工作的规范度，提高基层物资采购效率；另一方面能够释放基层分公司和项目部集中采购的工作压力，通过将集中采购权限上提至二级公司，发挥规模效益，降低采购成本。

（2）C 公司借鉴石化、钢轨、辅材等产品战略采购成功经验，将企业经营所需的其他重要物资纳入战略采购的考虑范畴，通过签订框架协议等诸采购供应模式与供应商建立长效稳定的合作关系，进一步推进供应链上的采购业务整合，追求企业集中采购的高质与高效。

（3）推行区域性物资集中采购，C 公司可以根据实际需求整合优化物贸公司在各层级单位的设置，成立区域性供应点，根据片区内经营主体的实际物资需求进行集中物资供应，以此充分发挥规模优势，降低采购成本，提升招标采购环节营运资金使用效率。在保障减少营运资金在这一环节的占用的同时，区域供应中心也能够确保物资设备的及时供需，降低停工待料风险。

3. 重视采购支出分析

采购支出分析是企业推行战略采购重要步骤。采购支出分析是对企业历史采购成本进行全面分析，从而将采购支出分析变得可视化和可控化，为企业采购管理决策提供帮助。通过对企业实际支出按照与采购业务相关的信息分类进行分析，可得到企业在每个版块的实际支出，得到一个采购成本分析视图，直观挖掘成本缩减突破点，确定战略采购的方向。C 公司由于公司层级多、业态多元化、采购信息不畅通因而会错失许多成本缩减机会，因而进行系统的采购支出分析十分有必要，但这一过程也会因为各分支公司拥有独立采购机构存在口径不一的问题具有一定应用难度，需要时间去梳理公司内部的采购材料统一标准以及人员的具体分工责任。通过整理 C 公司基础数据，按企业实际需要基于类别、区域、组织和供应商深入分析支出明细。支出分析可自下而上，先各层级各单位独立分析，再自三级公司至二级公司最后到总部完成整合分析。

通过支出分析能够减少企业违规支出，识别新的如下节省机会：1. 非合同采购；2. 采购杠杆（形成采购量的规模）；3. 供应商整合（通过支出分析，从来源于多家供应商的物料中筛选出优秀的供应商）；4. 物料优化（寻找替代物料等）；5. 发现违规采购；6. 预算合规（通过将预算数据与集中采购价格比对验证预算的合规性）；7. 统一价格（同一供应商可能在全国、全球供货的价格不一）；8. 节省税费支出；9. 员工支出（差旅费、销售费用等）。

这一办法旨在通过分析全公司采购费用的分布与结构，澄清当前的采购状态，直观快速找出采购支出存在的问题，以便基于分析结果并依据市场行情及时优化调整采购策略，进一步压缩采购成本。实施采购支出分析工作时，可以外购采购支出分析软件协助职责部门与人员做好这项工作。

二、施工生产环节营运资金管理优化策略

施工生产环节作为建筑施工企业产生利润的重点环节，错综复杂的工作流程、分布繁密的关键管控要点为资金的流失孕育了"绝佳"条件，因此这一环节的营运资金管理就像手握流沙，流沙稍有不慎便从指缝间流走，管理越松懈，"流沙"便流失越多，手中握住的便越少，资金压力由此产生。加强对这一环节营运资金管理的重要性依然不容小觑。

1. 优化施工组织设计

施工组织设计是对立项工程施工进行指导的重要技术文件，为施工全程的科学管理提供可靠支持。通过编制施工组织设计，可以全面考虑拟建工程的施工条件、施工方案和技术经济指标，为生产部门顺利施工做好准备。施工组织设计应在满足合同工期的前提下，合理配置各项资源，指导和组织现场实现均衡生产。

前期策划所编制的施工组织设计和现场实际情况有出入的现象屡见不鲜，主要由施工现场地理条件和与建设方等外部关联方交涉下工期相应调整等现实原因所致。施工组织设计受到具体编制人员个人素质和施工经验的不足限制，会存在一定的偏差，导致设计方案的漏项和变更，造成人工、物料的浪费，反而对生产效率、节约资源产生负面作用。由于工程人员概算偏差较大，施工现场人、材、机常表现为短缺，通过不断签订补充合同以供施工需要，立项时签订合同量预测的成本在施工过程中则会不受控制，超合同量结算情况层出不穷，严重影响到成本控制，间接影响营运资金的存量。

其次，当前施工组织设计编制通常由工程管理部门的技术人员包揽，但具体执行是通过基层施工部门主管，设计和实施没有有效融合而是相互分离，施工组织设计流于形式，没能充分发挥其应产生的作用。最后，施工组织设计作为技术管理制度的一项内容在实施时，容易为生产部门根据自己的工作需求，在追求施工效益的同时缺乏对经济效益的考虑，易忽视施工过程的成本控制。

因此，C公司需加强系统管理的理念，在企业外部注重上、下游单位的协同，在企业内部注重经营流程上下游部门之间的配合。工程管理部负责编制施工组织设计，中标工程项目在完成营销交底后，需谨慎进行前期施工调查，而施工组织设计编制后，负责编制的工程技术人员需全程及时跟进施工现场进度，根据实际需要改定最优施工方案。为了加强生产成本的良好控制，施工方案作为施工组织设计的核心，应考虑按需添加降低成本指标与投资额等各项经济指标以供工经人员采取定量分析。建筑产品制造耗时漫长、生产工序错综复杂，关联方与内部参与部门众多，因而供应链上每个环节的疏漏都会以资金浪费的形式而收尾。施工生产是C公司最主要的经营环节，生产人员根据施工组织设计进行施工，C公司一些大型工程项目有时有多家子分公司参建，各公司负责不同的专业，这时统筹规划显得尤为重要。根据施工组织设计安排具体施工进度，不同专业进场施工先后顺序非常重要，对后续工程有影响的单位工程或分部工程，需要充分结合后续施工提前筹划开工时间，并设定最迟完工时间。这就需要C公司在企业外部和供应链上下游节点企业之间保持信息交互迅捷畅通、在企业内部协调好上下游部门的工作节奏与计划。

2. 切合实际落实项目精细化管理

有别于建筑施工企业传统的粗放型管理模式，建筑业所提出的精细化管理是指使建筑工程各环节管理责任落实到位，并能够系统化、细节化地采用一些标准将责任量化评价，通过这一系列过程，实现建筑企业的业务流程再造，使施工生产准确、高效地持续进行。2014年，C公司以"效益最大化"为目标、以"成本管理"和"过程控制"为理念，全面出台精细化管理办法。涵盖企业的23项管理内容，每一项管理内容都有详尽的细则，以期用具体制度来约束和规范项目组织和人员的行为，着力解决项目管理中存在的"无法可依、违法难究"的问题。让精细化管理的措施覆盖到项目招投标、项目成本核算、组织施工生产、施工流程管控、项目概算调整与索赔、工程计价清算等各个环节。贯彻落实精细化管理，有助于推动C公司全面实现科学化、规范化和程序化的项目管理，为企业的业务流程再造奠定基础。

眼下，C公司各级单位应积极参与建设信息平台，形成全集团的信息透明化，提高管理效率。在供应链管理畅行的社会背景下，建筑施工项目的业务流程再造是企业内部优化供应链的先行条件，为C公司基于供应链的营运资金管理优化提供支持。在施工生产的实际工作中，C公司应着重关注精细化管理办法在多层级单位的贯彻实行，督促各单位要尽快建立健全管理部门，完善后台的项目成本管控体系，构建技术、作业与管理标准，找出管理施工流程和控制成本的关键点，加强企业对工程项目生命周期全过程的后台集中管控，作为保障使精细化管理有效运行。精细化管理办法与细则中有纰漏的地方，基层单位与项目部应切合实际，及时根据实际工作情况向上级反馈，提出建议以便及时修改和完善精细化管理体系与具体制度，规范各个工作节点，提高管理效率。

3. 严格控制施工成本

施工成本控制的主要内容包括事前控制与事中施工控制两方面：

（1）事前控制

指在编制施工组织设计时，在确定施工工艺方案，组织机械设备、材料物资、劳务供应等工作后，要经过系统的经济评价，筛选出最佳方案。在此基础之上编制施工预算，确定准确的工程定额，与施工图预算进行比对，进一步制定降低施工成本的计划。加强投标管理工作，严格执行投标决策程序，避免投接低于成本、需要收取大额保证金、资金支付条件严苛的项目，提高订单质量。

（2）施工过程的控制

分解并下达成本计划指标，落实到各管理部门和基层班组。在正式施工过程中，按照施工预算严控费用，保证实现拟订的降低成本的技术组织计划，同时与施工过程其他方面诸如进度、质量、安全等的控制有机结合，对施工过程实现有效的全面控制。

然而要在建筑施工企业中进行有效的成本控制，实行成本责任制十分有必要，具体实行要分成本的分级管、分口管理。C公司的基层项目部是施工生产成本控制的主战场，项目部的整个成本控制实施需要多方部门协同参与，全程涉及项目领导班子、工程部、工经部、安质部、物机部、财务部以及办公室。施工生产环节的成本控制与上述每个部门息息相关。为此，C公司有必要严格贯彻执行责任成本制，将权利、责任与利益相结合，要将生产过程中的各项成本支出和补偿与其责任主体联系起来，执行奖罚激励机制，从一线严格把控企业的资金浪费。C公司制定的项目部精细化管理责任矩阵中，要将具体成本管理项目责任划分至具体部门。此外，依照分级管理理念，C公司需要建立二级公司、三级公司、项目部、施工队的多层次成本管理责任制，各层级根据管理特点制定降低成本指标和成本指标，从而把控成本费用。依照分口管理理念，按照成本费用性质，将降本指标分解，从而落实至各有关部门的具体业务中。在实施成本控制工作实践中，最重要的是监督机制的建立与有效运行。从根源消除各级员工的惰性，严格执行降本措施，责任到位，切实执行严格的奖罚激励机制，避免降本工作流于形式。

C公司具有众多机构和分散各地的项目部，由于一些类型的建筑工程利润偏低与项目部管理水平良莠不齐等原因，每个项目盈利存在巨大差异，于是产生一边盈利项目补养另一边亏损项目的现象，这种情况对于C公司的健康发展极为不利。在当前C公司大多数建筑工程项目利润点较低的前提下，维持项目盈利的要点是严控成本。在项目部层面的成本管理中，办公费、业务招待费、差旅费、公务用车是管控的重点之一，需要根据实际工作情况及时制定详尽的报销办法，加强财务部门对资金的管理，严格控制这几项费用，杜绝资金浪费。同时，C公司还存在以总公司的名义承揽工程建设，由自有的分公司作为"分包单位"来完成施工任务的项目，这种类型的项目会由许多不同专业的分公司进行参建，因而财务部门需要按专业做好日常经营的成本费用分摊，以便期末对参建各专业成本控制进行评价奖罚。

三、确权收款环节营运资金管理优化策略

作为 C 公司占用资金量最多、占用时间最长的环节，确权收款环节是决定 C 公司营运资金循环流入的重要关卡。

1. 根据施工进度及时进行工程计量

当前 C 公司基层项目部仍有存在很多工程计量方面的问题。施工生产中，工程计量与支付和现场施工理应同时进行，但是考虑到工期，建筑工地现场施工的速度往往较快，施工资料的整理与现场验收无法良好衔接，这就导致了计量工作的支持性资料的缺失，工程计量的滞后时常发生，直接导致施工项目的资金周转支付滞后于其施工进度。滞后的工程计量不利于企业根据已施工情况及时控制施工成本，不及时与监理、业主确认已完工程量，会存在返工风险，继而产生成本。此外，工程完全依据所签订合同内容进行计价，施工中期计量工作留底产生的计价文件包含详细的索赔项目条目，这是具有法律效力的证据，因而在索赔时，计量结果作为正当的索赔依据，为公司索赔成功提供强力支持。及时按照工程项目进度进行计量，有利于 C 公司预防在施工生产环节的资金流失。

2. 加强应收账款管理

（1）建立健全的应收账款管理内控制度

由于 C 公司在应收账款管理的重视程度不足，造成 C 公司前些年的应收账款管理制度存在缺陷，不仅降低了企业的资金周转效率，又妨碍了企业的稳定发展。为此，Z 要建立健全的应收账款管理内控制度，将其纳入企业的战略经营范畴，巩固对企业的应收账款管理；在生产经营过程中应不断完善客户信用评价体系，相关部门切实做好投标项目的前期资信评估工作，准确掌握建设方、总承包方资信、资金来源及到位情况，一是要确保投标保证金等债权的安全性，二是重点关注地方企业项目、工程分包项目，预防发生工程款拖欠的隐患。此外，将招投标

部门的信用管理职能给分离出来，委托财务部门专人负责。同时对 C 公司各部门职能进行进一步规划。一方面，C 公司财务部门针对实际情况动态改进公司信用政策，同时加强债权的基础资料管理。形成的债权债务财务部门必须建立健全相关台账和基础资料档案，对债权的对方单位、责任联系人、合同留底、收款情况、计价资料和核对签认记录等相关资料要分类归档妥善保管，实时追踪动态管理，严格保证企业债权的诉讼时效和诉讼依据有效充分，积极主动积累用法律维护企业利益的第一手资料。建立定期的对账制度，将应收账款的核算工作细致化，按时向上级汇报应收账款的回款现状，强化对信用限额的监督工作。另一方面，将应收账款回款情况纳入销售考核机制内，避免销售人员赊销后忽略回款问题；加强企业合同管理工作，识别合同缺陷，减少管理漏洞造成的应收账款损失。

（2）提高应收账款的信用风险控制，改善信用管理制度

C 公司应单独设置信用管理部门与岗位，同时保障信用管理部门的独立性。要想服务对象信用的评估准确，服务对象资料信息系统的创建必须健全。完善的服务对象资料需要客户的基本资料，通过对服务对象的财务资料进行具体了解，能够悉知该公司的偿债能力。通过调查客户企业在银行是否发生债权担保、有无在抵押贷款等，可对客户的征信状况进行进一步了解。重新划分服务对象的信用等级标准，对服务对象分配不同的信用额度，协助其他部门处理应收账款案件诉讼事务的同时，兼顾应收账款的催缴事务。

3. 利用供应链金融工具融资改善资金状况

通过已有分析，应付账款、应收账款占据 C 公司招标采购环节以及确权收款环节大量营运资金，"清欠难"问题亟待解决。建议 C 公司可以采取供应链金融工具改善这一状况。供应链金融是指以核心企业为依托，在真实贸易环境下，对单个企业或多个企业提供全面的金融服务，从而稳固供应链上核心企业与上下游企业之间的产供销链条，降低运作成本。主要服务于融资困难的中小型企业。C 公司作为大型集团，下属子孙公司众多，只有少数成员企业各方面表现优异，多数成员企业承受高财务杠杆、低盈利水平的压力，彼此之间的差距判若云泥。C 公司的业主多为地方政府和国有企业，甚至是同公司实力较强的成员企业，业主的实力和资信状况尚佳。C 公司的二三级公司相对于业主（核心企业）而言，

处于中小企业地位。因此，建议 C 公司二三级公司在库存管理和应收、应付账款方面运用供应链金融手段，借助核心企业的优良信用为敲门砖，通过以企业资产和未来收益作担保开展供应链融资业务，来释放企业的营运资金流通压力。

工程项目完工后，C 公司承揽单位与下游业主办理工程价款结算，业主向 C 公司承揽单位发出应收账款凭单，承揽单位将应收账款凭单转至金融机构进行融资，同时，业主对金融机构做出付款承诺。金融机构对业主的资信状况和债权可实现性向承揽单位放出信用贷款，C 公司的工程承揽单位得以缓解营运资金压力。应收账款付款期限到期时，业主应根据双方协定应收账款金额向金融机构付款，而金融机构在扣除首次代付款与应得核定利息后，将剩余款项支付给 C 公司承揽单位。

四、C 公司优化营运资金管理的保障性措施

上文基于供应链管理理论已对 C 公司招标采购、施工生产、确权收款三个经营节点的营运资金管理策略进行了优化设计。

以下内容将介绍 C 公司基于供应链理论的营运资金管理流程控制：

（1）招标采购环节

物机部采购人员需要及时向项目部管理人员提交的信息资料：①采购进度计划；②采购月度资金使用计划；③采购合同；④项目采购的管理目标等。同时，项目部管理人员向物机部采购人员提交的信息资料：①项目主进度计划；②请购单；③设计变更单和工程联络单；④费用控制计划等。

经营开发中心向物机部采购人员提交的信息资料：①目标市场及目标项目；②参与项目招标报价的要求及进度安排。物机部采购人员向经开中心提交的信息资料：①目标市场的设备材料市场情况分析报告；②配合投标报价的组织机构和人员安排；③投标报价项目最终的设备材料价格确认。

工程管理部门设计人员向物机部采购人员提交的信息资料：①设计进度计划；②请购文件中的技术资料；③需要二次设计或确认的图纸资料清单；④技术谈判或澄清的确认文件；⑤设计变更资料等。物机部采购人员向工程管理部设计人员设计递送的信息资料：①采购进度计划；②项目合格供应商名单；③供应商

与设计人员之间的技术联络资料；④采购变更或代料申请；⑤需要设计参加的出厂检验、到货检验等计划等。

经营开发中心负责在招标采购环节中对供应商的信用进行调查评级，降低采购环节的风险，例如产品质量问题、延期供货、货源不足等。

如果是甲供物资，则建设材料由建设单位提供给承揽单位，先入库再发料至施工现场。物机部向法律事务部提交的信息资料：①合同基础文本；②项目采购合同文本。法律事务部向物机部采购负责人员反馈的信息资料：①对各类合同文本的法律建议；②参与重大合同谈判并提供法律支持。尽可能通过物机采购部门与法律事务部的信息融通捍卫权益。招标采购环节需要科技部去解决的内容：①确认采购模式，公司集中采购、公司统一组织集中采购（框架协议采购）、子公司或工程承包项目部自行采购；②针对集中采购，首先确认是否接受请购单，根据请购单情况确定合格的供应商名单；发布询价；接受价；技术澄清或谈判；供应商评价。

（2）施工生产环节

首先，由工程管理部门在中标签订合同后进行施工调查编制报告，项目部根据通过审核的施工调查报告，编制项目管理策划书，再根据项目总体实施性施工组织设计，并按规定报审，审批后组织施工；同时，工程管理部负责在签订合同后一个月内及时进行合同清单分劈（适用于两个及以上单位参建的同一项目），避免后续计价收款与参建单位产生纠纷从而影响项目部资金回笼。

物机部向工程管理部提交的资料：①采购进度计划；②库存状态报告；③配合施工的供应商代表工作计划；④施工变更引起的设备材料变化。

工程管理部向物机部反馈的资料：①施工进度计划；②要求供应商代表在现场的工作计划；③紧急采购申请。

物机部向财务提交的资料：①采购进度计划；②采购合同；③采购月度资金使用计划；

④采购付款申请；⑤仓库月度稽核报告。

财务部向物机部反馈的资料：①付款状态报告；②配合仓库月度稽核。

信息交流与反馈下，物机部根据工程管理部对施工进度的掌握，进行针对性采购，向财务部报销，经项目部管理层审核后付款，从而实现资金流的流通，物资从供应商处入库仓储在发料至施工现场。

工程管理部要及时办理项目部的工程量的计价结算，避免已完工未计价工程积压，影响进度收款，拖延资金回笼。

办公室负责审核项目部的业务招待费、办公费支出，报销内容合规无误再由财务部审核报销，办公室工作人员缴回备用金等款项，因而发生部门间的资金流动。

安全质量部负责项目部安全生产教育，产生费用通过财务部报销，实现资金流动。

（3）确权收款环节

经营开发中心需要领导相关投标部门，切实做好投标项目的前期资信评估工作，准确掌握建设方、总承包方资信、资金来源及到位情况，确保投标保证金等债权的安全性并重点关注地方企业项目、工程分包项目，预防发生工程款拖欠的隐患。

财务部门应依照合同约定和计价资料，及时足额收取工程进度款，以及及时根据合同条款在完成合同义务时及时收回履约保证金，工资保证金。

此外，财务部应在项目中标与招标建设单位签订合同后，及时收回足额投标保证金，保证资金及时回笼。

根据C公司基于供应链的营运资金流程，本小节内容所提出的保障性措施以树立供应链管理营运资金重分类观念、人才队伍建设与管理制度创新、C公司组织机构专业化整合、改善房地产业务板块转型这四个方面进行建议，目的在于为上文所提出的优化策略提供运行环境，保障营运资金在C公司供应链上各环节之间的协同运作。

1. 树立供应链管理营运资金重分类观念

属于建筑业的C公司的建筑产品往往单件生产、产品体量巨大、形成时间长，需要经历若干阶段，是通过定制后综合加工形成的产品，其生产关系十分复杂。营运资金在C公司一个建筑产品生产过程中贯穿于多个部门和工序，因而存在许多控制节点。对于C公司这种大型集团而言，旗下企业层级多、子分公司分布零散,项目部繁多,在降低生产成本、控制各项费用支出,提高营运资金使用效率方面存在极大进步空间。因此,基于供应链管理理论,将 C 公司的营运资金按照经营阶段分类至招标采购、施工生产、确权收款这三个环节,实现营运资金管理重心从传统的流动性转移至整体协调性。这样的营运资金重分类观念,使 C 公司能够及时发现问题,有导向地采取改善营运资金管理的具体措施,有利于 C 公司发掘分析公司价值创造来源。因此,首先要建立 C 公司统一的营运资金管理制度,联合经营各环节部门进行营运资金管理,考虑将各环节营运资金使用效率添加进各部门绩效考核内容里,推进鼓动各部门之间的配合。

2. 人才队伍建设与管理制度创新

财务部门是 C 公司集团从上至下进行财务管理的重要部门,一个大型建筑施工现场的营运资金管理控制要点繁多,财务人员的专业素质与职业灵敏度会直接影响财务管理的工作效率与质量。财务人员需要定期进行专业培训,提高自身素质,并在培训过程中交流工作要点,从而发现财务管理工作的问题,起到查漏补缺的作用。

此外,上文中所引用的基于供应链的营运资金管理仅围绕了流动性评价指标,由于财务数据分类困难,难以实现盈利性评价指标的计算,盈利性评价指标的增值额的计算是难点。增值额的计算借鉴的是作业成本法的核算原理,即企业供应链上各环节的增值额由各环节产出扣除各环节成本进行确定。根据王竹泉教授基于渠道营运资金盈利性评价指标的设计,供应链各环节的营运资金盈利性由各环节增值额占其营运资金流量的比例(营运资金利润率),营运资金利润率评价的各个环节流动资金增值效果,帮助企业判断供应链上每个环节营运资金的盈利情况,以便管理层进行资金决策,指导企业对内部流程和生产作业进行分析,从而进一步完善增值作业。营运资金利润率如下列公式所示:

招标采购营运资金利润率=招标采购增值额÷招标采购营运资金=(招标采购产出-招标采购成本)÷(材料存货+预付账款-应付账款与应付票据)

施工生产营运资金利润率=施工生产增值额÷施工生产营运资金=(施工生产产出-施工生产成本)÷(在产品存货+其他应收款-应付职工薪酬-

其他应付款）

　　确权收款营运资金利润率＝确权收款增值额÷确权收款营运资金＝（确权收款产出－确权收款成本）÷（成品存货＋应收账款与应收票据－应交税费）

　　经营活动营运资金利润率＝经营活动增值额÷经营活动营运资金＝（招标采购增值额＋施工生产增值额＋确权收款增值额）÷（招标采购营运资金＋施工生产营运资金＋确权收款营运资金）

　　C公司可以从财务部门入手，首先组织财务人员学习。以各层级单位或项目部为主体，从源头进行经营业务数据的梳理分类，根据核算主体实际生产状况制定增值额标准，待评价体系制定成熟后，再向财务部门以外的相关部门进行推行、组织学习，配合财务部门实行，为基于供应链的营运资金盈利性指标计算奠定基础，通过实现营运资金盈利性指标的成功应用，提高企业营运资金管理水平。

3. C公司组织机构专业化整合

　　上文分析得出，C公司集团内部存在同质化竞争，因而在"十三五"期间，C公司已经按照要求，一边剥离一些与主业无多大关联的项目，尤其是亏损项目，以减轻企业负担；另一边，进行了大范围、全方位、跨行业的专业化重组，使主业越来越明显，但是以C公司目前的整合水平来看，仍然只算是初步解决了"乱"，还不算满足"专"。各个业务的专业化水平、技术化水平、核心竞争力等方面仍不够强大，缺乏国际竞争力，落后于国内建筑业里名列前茅的另几家龙头企业。理应进一步推进C公司集团内部企业分工专业化，加强集团内部资源专业化整合，通过增加企业注资、统筹专业资质、更新装备器械、人才结构优化、研发技术创新和组建专业化队伍、鼓励项目承包等措施，实现资产、资本、资源逐步向优势企业集中，培育更多营业额表现优异的子企业、年盈利过亿、数亿的利润大户，构建可以支持集团做强做优、综合发展的优势子企业集群。减少企业内外部的同质化竞争，提高盈利能力从而改善企业的资金状况。

4. 改善房地产业务板块的转型

　　近年来，C公司致力于积极推进房地产转型工作。在国家严控房地产市场政策下，C公司通过拓展文旅地产、棚户区改造、养老养生等重要项目来实现转型升级。而实现房地产转型工作、开拓市场、扩大规模对资金流的需求可谓如饥似渴。对于"高杠杆"经营的建筑施工企业来说，保持企业日常经营的现金流充沛并非易事。上文分析得知，基础设施建设是C公司的主业，在基建板块毛利率连年下滑的情况下，业务转型的现金流会导致C公司承担极大的资金压力。因此，要缓解企业内部的资金压力，C公司需要根据企业实际资金状况，多方面考虑，平衡企业内部成熟业务板块和新增业务板块之间的资金使用。对于转型的房地产业务，可以借鉴国内外优秀房地产开发企业的经验。

在本案例中，以C公司为研究对象，对比建筑行业平均水平与行业内龙头企业水准，发现问题提出优化策略并进一步给出保障性措施。主要研究成果如下：

（1）前文对C公司的营运资金管理现状初步分析得出：C公司的营运资金融资策略比较保守。伴随时间的进展，C公司由短期负债融通的企业流动性资产比例降低，其余部分则靠长期负债或权益性资本来满足，未能良好平衡企业风险与报酬之间的关系，需要制定与企业经营规模、经营特点相契合的严密的短期筹资计划。2014—2018年间，C公司净营运资金占总资产比率从10.86%降至3.10%，净营运资金流量减少，意味着C公司五年间短期偿债能力有所萎缩，足以引起关注。C公司作为建筑业的领先企业，存货营运管理水平低于同行业平均水平，和行业良好水平相比更是相差甚远。应收账款周转能力在近几年C公司管理人员的不懈努力下，一直保持在高于国内行业良好值的水平线上，但距离行业优秀值还有20天（周转期）的差距。总的来说，基于传统营运资金分析的C公司经营活动营运资金周转期从落后于行业平均水平到领先行业平均水平30天以上，经营活动营运资金管理水平大幅提升，归功于应付账款支付期的延长。

（2）根据供应链管理视角对C公司按经营环节的营运资金管理进行分析得知，C公司招标采购环节营运资金管理表现虽然稍优于行业平均，但是通过对C公司该环节经营性资产项目周转期计算得知，原材料存货的周转一次所需天数在五年之间大幅缩水，而在同时期建材企业限产限开、原材料大幅涨价的市场背景下，原材料存货周转过快预示着C公司在建项目的生产连续性可能会因此受到影响。确权收款环节营运资金周转期远低于行业平均水平，平均相差45天，差距最大时相差81.07天，充分表明这一环节C公司营运资金管理表现远次于行业平均水平。其中,房地产开发产品和合同资产这两个经营性资产项目占用确权收款环节资金较多且高居不下,相应的二者的周转效率较为缓慢,在当前房地产开发盈利空间并不十分乐观的情况下,积极加大这一业务板块的投资可能会对采取高杠杆经营的基建板块的营运资金产生影响。同时,C 公司需提高对已完工程的计价结算工作的及时度。

（3）围绕 C 公司基于供应链管理的营运资金管理情况进行分析后所提出的问题进行产生原因的挖掘,主要围绕房地产行业面临的市场压力、建筑行业产能过剩、C 公司集团内部同质化竞争激烈、建筑原材料与劳动力成本上升、项目管理模式滞后、供应链的构建不够成熟展开分析。其次,根据所提出的问题和原因,给与营运资金管理优化策略和保障性措施,招标采购环节,重视和优质供应商联盟、优化集采组织与供应模式、重视项目的采购支出分析工作；施工生产环节,从立项时起做好编制施工组织设计的工作、协调上下游部门做好工作衔接、落实精细化管理,实行责任成本制；确权收款环节,及时进行工程计量与结算,善于利用供应链金融工具盘活营运资金。同时,通过梳理供应链管理营运资金重分类观念,人才队伍建设与管理制度创新、优化 C 公司组织机构和进行专业化整合等措施,为 C 公司供应链管理的优化提供保障支持。

第五章　施工企业资金管理与绩效评价的典型案例分析 4——D 公司

第一节　案例背景

在国民经济发展中，基础设施建设以及房地产开发管理行业是其重要组成部分，基础设施建设和房地产开发企业的有效发展，首先一定程度上代表着国家和地方政府税收优惠政策初见成效，其次还能够揭示某个地区的城镇化建设水平，再次还能够将当地政府治理绩效体现出来，最后对于广大社会群众来说，能够为其提供更加健全的基础设施，满足其生活基本需求。基于此，基础设施建设和房地产开发以及管理行业的发展，对于国家发展战略的实现以及民生息息相关。但是我国是人口大国，大中城市中人口数量急剧增加，随着社会经济发展水平的提高，更多社会群众的需求层次也更高，导致当下基础设施建设和房地产开发行业的发展无法满足市场中消费者对住房的需求。再加上经济环境恶化和房地产集团的负面影响，促使我国基础设施建设和房地产开发行业的发展问题重重，所以如何调整基础设施建设和房地产开发和管理行业，产业结构，促使这种企业能够实现更好的发展，为广大消费者提供所需要的服务，已经成为行业高度关注的问题。

基础设施建设和房地产开发的发展对国民经济的发展有很大的影响。而另一方面国家宏观调控政策也会对行业发展产生明显影响。如何能够在当下市场环境中实现有效发展，是基础设施建设与房地产开发企业需要认真对待的问题，其中实现资金运营管理水平的提升，是问题解决的关键。但是当下不管是实务界还是学术界，均没有针对其展开针对性的探讨，因此本书结合现实发展问题，针对企业的财务风险识别、防范和控制等角度展开，给出其资金运营管理水平提升的建议，可以对企业摆脱发展困境上带去有效帮助。

为了能够促使建筑企业在国民经济发展中实现稳定前进，施工企业单位必须针对内部的一切活动展开科学化监管。对于企业管理来说，资金属于管理中的主要部分，尤其是营运资金的管理。企业只有实现对营运资金的高效监管后，企业的资金收益性和流动性才能够得到保障，为企业的长远发展做好基础。我国部分知名企业因为在内部营运资金管理上取得了很好的成效，因此实现了长远发展，同时也有部分公司因为不重视内部营运资金的科学管理而最终走向破产道路。基于此，对于我国建筑施工企业而言，要想能够在激烈的市场竞争中站稳脚步，就要实现内部营运资金管理水平的提升。本书将在阐述集团营运资金管理式理论和分析D公司营运资金管理现状与问题的基础上，为促进D公司营运资金管理提供有效对策。

第二节　企业基本情况

在对D公司的营运资金管理进行研究时，鉴于资料搜集及自身学识所限，研究还存在一些不足，具体表现在：①本研究对D公司的研究分析，完成不够彻底，结论价值还存在提升空间；②本研究在实证分析过程中，由于对D公司相关财务报表收集不全，数据准备不充分，有可能计算结果存在偏差，另外，由于所选取的对比企业只有一家，可能在实际实施中，根据不同的企业经营性质和规模，存在一定的差异性。

本书选取了建筑行业，以D公司为研究对象，以现阶段营运资金研究理论为指导，以该企业相关数据为依托，宏观上从D公司营运资金的规模，微观上从营运资金的内部组成结构，再加上对安全运营和流转效率两个视角的分析，围绕营运资金管理的问题进行了研究，对当前该企业营运资金足以产生重大影响的三个指标,即货币资金、应收账款和存货存在的问题进行了分析,并提出了针对性的措施。

本书研究对象为 D 公司,通过对该企业营运资金管理过程中存在的问题进行研究,以此来解决当前国内建筑行业对营运资金管理不当的问题。

建筑行业与其他行业相比,对于营运资金的管理有着其自身的特殊性,体现在建筑企业的生产经营对象是工程项目,整个施工周期较为漫长,在前期进行的招投标过程中,要向甲方垫付投标保证金以及履约保证金;在工程项目施工过程中还需要在各个节点进行大量的垫资;在工程竣工时仍需要向甲方交付一定比例的质保金。如此种种,导致了企业的营运资金被大量而且长时间的占用,严重阻碍了资金的流动。建筑业还有一个显著的特点就是其所组建的项目部较为分散,这样就造成了营运资金不能够集中,为总公司在资金监管方面带来了不小的难题。

由于建筑行业准入门槛较低,伴随越来越多的企业涌入到这一行业,导致了整个行业的市场竞争愈演愈烈,不可避免地带来了一系列的衍生问题,比如利润大幅度缩水,资金运转不畅所导致的债务危机更加严重,加之我国对外开放的程度越来越高,同行业的国外企业借助其先进的管理模式,对我国的建筑行业带来了不小的冲击,这样由于资金不足以及资金管理方面带来的诸多问题严重削弱了企业的竞争力,并且为企业的生存发展埋下了隐患。

建筑企业欲寻找有效缓解资金不足等方面的途径,从而使资金在经营过程中得以顺畅地流动,达到为企业带来更加丰厚的收益、保证企业获得长久经营的目的,那么对营运资金进行有针对性的管理是一条必由之路。

第三节　D 公司营运资金管理现状分析

一、D 公司简介

2002 年 D 公司成立,经过近二十年的发展 D 公司现已通过国家相关部门审核验证，相继取得对外承包工程、劳务输出、进出口经营资格，并被国家商务部认定为对外援建项目二级施工企业。2005 年底，D 公司通过了 ISO 质量、职业健康安全管理体系、环境认证，并受中国建设银行评定，成为 3A 信用企业。

D 公司，注册资金 9300 万元，主要从事市政工程、公路工程、铁路工程、机电设备安装、轨道交通工程、工业与民用建筑、园林及环保工程的施工；建筑装饰装修、另外还有钢结构制作安装以及建筑设计、房地产开发和销售等业务，同时还在法律允许的范围内进行投资和开展物流管理。

该公司拥有 6.1 亿元的资产，年施工能力达到 8.3 亿元。现有员工 937 名，其中大部分属于技术型员工，为 739 名。D 公司的组织结构上属于垂直职能制，股东大会拥有最高权力，下面是董事会以及总经理，在具体业务开展上设置的部门为 10 个，主要开展资金运营管理以及项目建设等工作。

D 公司早在创立之初，就确定了"团结、诚信、敬业、拼搏"的企业精神，并确立了十六字经营宗旨——"谨守信誉、争创精品、服务一流、树立形象"。其发展思路为"三年立足宁波，三年服务全省，三年享誉全国，五年走向世界"。从 2002 年以来，D 公司先后获得浙江省政府改建、沪杭高速、江苏苏州新城区改造等 21 项国家级重点建设项目，总工作量为 31.81 亿元，另外承建了宁波境内、省道公路工程 1300 余公里，完成工作量为 49 亿元。其所完成的重点工程项目均被授予"国家级优良工程"称号。

就财务管理而言，因为 D 公司分公司所属行业多种多样，主要是房地产业、物流以及建筑施工和制造行业。基于此，公司内部有着各种财务管理制度，主要是施工企业财会管理制度、房地产投资建设财务制度、生产制造财会制度。另外分公司为了能够实现更好的财务管理，会在内部进行财务部门的设置，该部门人员由总公司派遣，财务部门的核算方式和其他部门业务模式保持相对独立性，同时银行账户开设上也是分开，实现各个项目财务上的独立核算。

二、D 公司营运资金管理体系

1. 货币资金管理体系

D 公司是典型的建筑型企业，其货币资金管理体系可分为资金管理组织、资金管理制度、资金管理模式三大部分。从公司层次来看，资金管理体系是由集团下设公司的资金管理体系、集团内部资金管理体系组成。也就是说，集团下设公司可定位为外生变量，即使对总公司具有辅助作用，但完善空间仍然不大；集团内部资金管理体系是可控变量，公司还有很大的优化构建的机会与空间。

（1）资金管理组织

货币资金管理组织，主要是指资金管理体系中，参与管理的各个组织机构、工作岗位所建构的整体系统，是资金管理体系的主要力量。参与各方可分为两个类别：一为专业性资金管理机构、岗位；一为可以辅助资金管理，并具备管理功能及资格的职务部门、岗位。

D公司在资金管理组织遵循了以上传统结构设置。在财务审计部的领导下，单设资金结算中心，在基层单位部门设立财务资产科，并辅之以其他协助系统。财务审计部的职责是进行财务预算、核算及分析，并能够及时监测与管控企业整体性财务问题，并为资金结算中心管理提供指导意见。

D公司资金结算中心于2003年1月成立，隶属于集团公司总部职能单位。资金结算中心属于公司资金管理机构，具备资金管理权限，职责在于拟定资金计划，并对资金进行结算。其账目是D公司内部、下属分公司资金流的记录与反映。该中心主要以主任为领导决策者，分划职能形成下属；六类科室，按业务区域分设3个结算室。如今，D公司资金结算中心权限职能为集中化资金管理与统一化资金结算。

综上所述，D公司资金管理组织，以财务审计部为领导，资金结算中心为主体，以财务资产科作为主基，形成了科学、合理的有机合作系统。

（2）资产管理制度

在资金管理体系中，资金管理制度是关键性保障条件，它对管理组织的构建有着重要指导作用。从一般意义上讲，资金管理制度有资金专项管理制度、资金管理组织职责规定、资金管理岗位职责条例等。它是企业资金管理、机构构建、岗位设置等活动的规范性条例总述。

D公司在管理制度上体现出较明显的层次性，分别由集团公司、下属建设公司来制定相关的资金管理制度。

D公司在财务工作、资金管理制度的总原则下，编设了符合自身发展情况及部门设置的资金管理制度及细则。同时，应收账款、资金核查、物资结算、现金存放等具体化的分类资金管理办法或细则，也为公司资金管理工作提供了科学、规范的指导性保障。而这些管理办法均是在不同的资金管理编制下所形成的针对性规范、要求。

（3）资金管理模式

在资金管理体系中，资金管理模式是资金管理理念、原则及实施策略的综合体。从管理模式的发展情况来看，理论与实践中资金管理模式通常可分为三类：集权式资金管理模式、分权式资金管理模式及集权分权综合化资金管理模式。

D公司所构建的资金管理模式基本属于资金集中管理模式。其所倚赖的手段为资金信息化管理，通过设立专责化资金结算中心，来实现收入、支出集中管理目标。不过，在下属建设公司，尤其是跨国性质的子公司，资金管理仍然有一定的自由空间。故而确切地说，D公司目前资金管理模式实为"主体集权，适当分权"的模式类型。

从理性角度来看，资金集中管理模式突出了资金结算中心的权责地位，相对于D公司公司的发展有着一定的优势：①下属建设公司，设立专责化的财务部门、一级账户，具备完全财务管理职能，极大地提升了其工作积极性；②将资金结算、账户管理统一起来，对于集团公司的资金整体优势发挥有明显促进作用，且降低了资金留置率，大大减少了资金应用成本，增加了公司的资金使用效率与收益；③资金结算中心的设立，推动了公司收支分立管理进程，使得财务信息更加具体、准确、及时，为公司资金管理"公开化、合理化"提供保障，极大地降低了资金管理违规行为发生概率。

2. 应收账款管理体系

依照建筑类公司应收账款常规化目标原则，结合管理体系设置及管理情况，D公司在适应行业发展要求的基础上，逐步形成了较为完善、高效的应收账款管理体系。

D公司应收账款管理体系主要构成有三个部分：客户信用管理体系、客户账款管理体系、账款管理办法细则。客户信用管理体系，其职责在于对集团发展现状进行考究与政策制定，对应收账款管理工作进行侧面协助，用以管理客户信用等工作方面，将客户经营、财务等重要信息进行及时统计交送，以防止客户应收账款潜在风险的发生。客户账款管理体系，其职责在于采取适当措施，及时、全额地收回客户所欠款项，以防止因资金流通不畅导致经营建设受阻，从而保障公司正常的材料采购、项目投资建设。客户信用管理体系以客户信用标准、信用额度管理、收款指导性策略为主要构建内容，而客户账款管理体系是具体的施行方，负责将客户付款信息进行核对，以供评定客户信用值。前者将客户信用、评定材料向后者通报，而后者则适应其具体情况而调节、补充账款管理手段、方法，降低账款潜在风险。二者相互配合、互相依存，为企业账款安全保驾护航。

账款管理办法细则在整个宏观体系中，独立性较为明显。究其因，应收账款管理工作中，许多管理办法或原则是一贯始终的。我们并不能粗暴地将其放置于某个信用管理、账款管理体系中。以账款管理信息化制度为例，其以系统管理平台为基础性保障，对分类账款管理信息实施标准化规范，保证管理实效，为审计核查部门做好配套性服务。

3. 存货管理

对于存货管理，D 公司在十多年的发展规范中，逐步形成了较为完善的存货管理体系。下面拟从存货管理制度、存货管理环节等方面对该体系进行解读。

（1）存货管理制度

在施工企业，存货管理的行业性质较为明显。一般地，存货管理制度的内容有存货实物管理要求、存货账务记录规则、存货信息管理要求及存货类别指导细则等。D 公司公司存货管理制度基本符合常规化、科学化的制度原则，无论是存货记录、信息反馈等，均有健全的指导性意见。

从以上信息可以看出，施工企业公司在存货制度上相对比较健全，所设置制度均与基本的建筑行业实际相结合。且在具体的存货分类指导细则上也较为清晰，可操作性强。

（2）存货管理环节

D 公司在存货管理上相对较为成熟。其管理行为包括材料采购、验收入库、材料存储及材料领用等流程。在材料采购上，D 公司建立了相对科学、理性的管理原则，要求在保证工程进度的前提下，对原材料储备结构进行合理规划，防止因积压过度影响到资金流动。且在购置材料时，考虑到最大的影响因素就是价格水平。这些均有较为详尽的指导性意见及计划。在验收入库、领用等环节上，D公司建立了相对完善的入库、签收、移交手续。账簿要求记载的内容除了存货入库、材料存储及材料领用的数量外，材料采购分类、采购渠道及采购匹配度（指与生产建设进度需要相称度）均有明确的记载。在材料运输方面，D公司注重物流途径规划，极大地降低了空载、重复搬运等影响运输成本的不良现象发生率。

三、D公司营运资金构成

通过分析D公司2013—2015年三年间流动资产和负债项目在总资产中所占的比重，可以看出：

1. 流动资产分析

和2014年进行对比，2015年D公司货币资金余额增加了12.25%，达到983.15亿元，同时和2011年进行对比，增加了48.26%，主要是企业内部经营状况良好，该公司进行了短期债券的发行，同时向银行进行借款。

在2015年，该公司应收账款余额为739.78亿元，从2013年开始，该公司应收账款余额是不断增加的，这主要是因为建筑行业影响，同时工程建设上发生大量垫资，运料费和运杂费回收不顺利，部分工程存在款项的拖欠。

2015年该公司预付账款余额达到363.14亿元，和上各年度进行对比，当年增加了27.80%，这是因为当年该公司在劳务和材料供应商项目进行款项预付导致的。工程项目投标保证款、履约保证金等则成为了D公司主要的其他款项。其他应付款余额方面，D公司2015年为323.69亿元，较上年同期增长了22.11%。这部分为设备租赁的押金，购货抵押款，还有其他经营性活动所支付的各种保证金或履约款等。这部分款项的持续增加，也使得该项目余额额度在不断提升。

对于建筑施工企业来说，建筑合同履行过程中采购的原材料合计房地产开发成本属于其存货的主要构成部分。该公司在2015年存货为909.61亿元，在所有资产中占据的比例为两成，如此高昂的数据，主要在于施工企业在进行工程项目施工前购入了大量的原材料和周转材料,另外这个数据每个年度都有所提高,主要水因为房地产开发产品种类不断增多,同时客户应收工程款也在上升导致的。

针对流动资产项目进行分析,与 2013 年对比,2014 年的货币资金、应收账款以及存货更多,预付账款有所下降,和 2015 年进行对比,之间不存在较大差距,不同之处在于预付账款、应收账款和其他应收账款以及存货在总资产中占据的比重有所提升。2013—2015 年该公司流动资产在总资产中的比重分别是 83.13%、82.55%、82.73%,三个数据的平均值是 82.80%,说明 D 公司总资产中流动资产超过 82%。

2. 流动负债分析

2014 年该公司短期借款余额是 410.84 亿元,这个数据和 2012 年进行对比,增长率达到 118.35%,主要是企业生产规模在两年时间里得到扩张,同时发展方向也更多,项目数量得到增加,建设规模也更大,需要更多的资源作支撑,因此企业资金缺口被拉大。

在应付账款余额上,该公司在 2015 年达到 1712.84 亿元,这个数据在负债总额中占据的比重为四成,和前两年进行对比,这个数据一直增加。因为国家在宏观调控政策上进行了更新,另外国家在基础设施建设上资金支持量也有所下降,因此导致企业中应付账款余额上升。

对公司预付账款余额进行分析,该公司 2015 年账面上是 648.80 亿元,与上个年度进行对比,提升了 56.77%,这是因为业主在项目建设上给出的资金有所增加,对其流动负债进行分析,该公司 2014 年在总资产占据的比重要比 2013 年高,高出 19.28%,同时应付账款也有所增加,预收账款出现一定的下降,下降幅度不是很大。其短期借款项目中,2015 年要比上一年高出一些,另外应付账款和预收账款也有所增加。总资产中流动负债所占的比例,2013 年到 2015 年分别是 76.87%、75.03% 和 77.27%,三个数据之间差距不大,平均值为 76.39%。也就是说该公司在三年时间里,流动负债占资产百分比超过七成。

3. 营运资金综合分析

从整体来看,2013 年 D 公司流动资产、流动负债在资产总量中的比重依次为 83.13%、76.87%,公司所筹集长期资金在其总资产中比重占到 6.20%;2014

年 D 公司流动资产、流动负债在资产总量中的比重依次为 82.55%、75.03%，公司所筹集长期资金在其总资产中比重占到 7.84%；2013 年 D 公司流动资产、流动负债在资产总量中的比重依次为 83.13%、76.87%，公司所筹集长期资金在其总资产中比重占到 9.89%。

从流动资产与长期资产的比例、流动资产占总资产的比例分析看，2013—2015 年后者均超过 80%，2015 年达到 82.73%。从流动负债与长期资金的比例、流动负债占总资产比例的分析，后者均超过 75%，2015 年达到 76.39%。

四、D 公司营运资金管理存在的问题

1. 营运资金管理效率不高

D 公司自从被改组后，其内部资金管理制度经过了多次的调整现通过两个宏观指导手册和十四个微观工作细则，来实现公司内部一切业务的资产管理。但是在今天新的经济发展态势下，尤其是竞争程度不断提高的市场背景中，行业要想实现发展，需要做的该工作就更多，同时企业内部管理制度中的问题开始逐渐显现。

该公司在营运资金管理上还没有做到位，尤其是下属建筑公司控制上存在问题，执行力低下，暗箱操作屡禁不止，应收账款管理不善，还有些下属公司存在吃回扣等恶劣现象，这些都增加了公司运营风险水平，营运资金率占用不断提升，导致资金流转一度陷入停滞状态。在部分项目建设上，企业员工有着懈怠心理，采购人员监督制度不完善，甚至会在招标工作上马虎应对，给企业带来大量额外的采购费用，降低采购工作效率。

此外，在专项资金的划定与营运资金的分配上管理效率也处于低水平状态。许多管理者将"量入为出"作为企业资金应用的唯一原则，极大地限制了其整体谋划的合理性。

2. 营运资金结构不够合理

从营运资金结构上来看，本书主要从 D 公司的流动资产进行分析。以内部结构为流动资产分析选择对象，对 D 公司应收账款、预付账款、其他应收款及存货等方面进行重点考虑。这些都是企业营运资金流通渠道中所涵盖的因素，构

成比例是否科学，对公司生产建设管理的科学性与否存在密切联系，同时对财务风险水平的高低也预期收益是否实现等也存在密切联系。对 D 公司营运的资金分析，本书主要采用比率分析法、趋势分析法及比重分析法。

进行分析不难发现，该公司中其他应收账款在总账款中占据的比重并不高，其余资金，比如货币资金和存货以及应收账款一直居高不下。结合西方建筑企业进行分析，其企业中应收账款在公司总流动资产中占据的比重一般保持在两成左右。但是该公司在 2015 年之时，这个比率为 34.91%，这需要公司针对应收账款展开有效管理，促使其在总流动资产中占据的比重能够下降，保持在合理范围内。

D 公司在预付账款上可分为开工预付款、材料预付款两大构成。开工预付款，又称为动员预付款，一般是指在建筑施工前向分包公司预先支付的启动款，其可用在人员雇佣、机械进场、临时征地等方面。材料预付款，则是建筑方为保证分包单位施工进度所需材料供货，而设立的旨在为承包方注入周转资金的非付息贷款。不过，在工程招标文件里，均会提到并规定材料预付款所支付渠道方式。在公司施工材料中，钢材、水泥基钢绞线等主要材料的 3/5 均来自材料预付款。预付款的支付条件是：承包方将购料相关票据订册整理，呈报给区域内监理和总监办，再对其进行审核，确认符合条件后才能执行预付。

同时，D 公司的流动负债主要集中在预收账款、应付账款两大块，二者共同所占比例三年都超过了 50%，分别为 58.37%、53.34% 及 53.76%。一般来说，应收账款资金越大，应付账款的资金额也会随之提升。日积月累地积淀，即会累积形成多年应付账款。一旦业主向 D 公司没有按照约定或要求拨付预付账款，那么 D 公司与各施工单位间的资金链就会出现断裂危险，从而提升 D 公司债务比率。建设生产失去了资金支撑，其生产效率会大打折扣，诸如信誉下降、人工费等费用拖欠现象将会层出不穷，甚至引发诉讼事件。如果法院出于维护债权人权益，冻结公司账户，那么资金流动将更为困难，从而造成严重后果。

3. 营运资金运用效率不高

在企业经营活动中，营运资金运用效率的低下，主要体现在两个层面：一为应收账款数量大，周转率差，拖欠时长增多，拖欠问题突出；二为流动资产质量不高，流动资金不能流畅周转，不良资产份额较重。而企业的周转速度（周转期

第五章 施工企业资金管理与绩效评价的典型案例分析 4——D 公司

与周转次数是决定因素），直接决定了其营运能力的高下。且资产营运能力与资产使用效率、资产周转速度成正比关系。

企业之所以要保证有着一定的营运资金，主要是为了满足生产经营活动所需，企业资金周转水平和企业生产经营周期息息相关，并且周转水平也会给企业运营资金能力的提升和效率的提升产生明显影响。该公司的营运资金运用上有着自身的特点。

（1）应收账款周转分析

对企业应收账款周转速度进行分析，需要从应收账款周转率、应收账款周转期来计算。相关数据计算方式为：

应收账款周转率＝销售收入／应收账款平均余额

应收账款周转周期＝360 天／应收账款周转率

对上表进行分析可以发现，施工企业中项目收入均值达到 4540.01 亿元，应收账款均值为 656.57 亿元，从这两个数中可以算出应收账款平均周转率，即 6.91，应收账款周转率均值较高，达到 52.10。也就是说，该公司无法在短时间里进行应收账款的回收，进一步导致公司的流动资产变现能力较低，最终可能会导致公司无法有效进行债务的偿还。

对应收账款结构展开分析发现，施工企业应收账款上，主要是应收售卖款和应收工厂款，这两部分在总应收账款中占据的比重超过六成。

应收工程款项为企业向工程业主或部门提供劳务生产，而向其收取的建设费用。其性质属于流动资产，间于现金、工程交工中，发生于工程建设后，收回账款前。在 D 公司均是按照常规程序收取应收工程款，属于按进度收款。每个月，集团公司指派专人将符合工程要求的完工项目综合保监理工程师审核，签字后向业主申请拨付工程款项。财务部门依照审批通过的工程支付证书来看收入多寡。在不同的工程项目中，企业应收账款、拖欠时间等都受业主拨款情况而定。

从以上数据也可以看出，欠款使得 D 公司在资金周转上出现问题。2013 年，D 公司对市场进行了深入调研，并分析得出：源于城市建设的附带效应，2014 年、2015 年，公路沥青使用将出现一次小高峰。故而 D 公司适时于 2013 年 11 月份组建了经贸公司，将业务定位于沥青的二次加工及批发零售业务上。2014 年年初，沥青价格受需求量影响，价格大跌，基本处在价格下限。D公司赶紧进行大规模进行沥青储备，并于2014年6月后沥青价格回暖后收益不少。不过由于收账管理不到位，使得应收账款难以在计划内回款，周转率极差，现金流入也处在低水平。2014年年底至2015年3月，尽管沥青价格一路飙升，但是经贸公司因资金链断裂而导致的沥青储备不足问题，让其坐失赚钱良机。而公司运作的停滞，也使得设备闲置率极高，经营成本进一步推高。

（2）存货周转分析

存货周转分析，主要是指对企业周转速率的反映，主要参考指标为存货周转率、存货周转时间，具体计算方式为：

$$存货周转次数=销售收入/存货平均余额$$

$$存货周转=360/存货周转次数$$

从D公司来看，其存货平均值为768.65亿元，可以算得平均存货周转次数为5.91次，而平均周转期为60.91天。可以看出D公司存货占用水平较高，其流动性处于低水平，周转速度不高，且在存货变现、存货变应收账款上也较为缓慢。

4. 营运资金信息不够畅通

该公司营运资金管理渠道并不是很畅通，并且在部分板块上存在信息作假现象。在2008年伊始，D公司为保证营运资金信息的科学化管理，曾花费巨资引入南北财务软件系统。不过该软件只是解决了财务记账的繁琐与资料保存问题，而在监督、核实信息管理上则存在较多漏洞。以采购小批原材料为例，D公司将部分裁量权下放到分公司。结合该公司2014年的财务报告进行分析发现，其中有481万属于存货原材料，但是经过实地调查发现这部分材料在2013年已经被投入使用，但是在2014年进行财务报告的编制上并没有注意到该材料已经不存在的事实，基于此可以说该公司财务信息管理严谨性很低，导致资金运营调整和变化无法全部在账面上进行记录。同时，生产建设部门与财务部门信息沟通存在脱节，生产建设过程中的货物消耗财务部门也没有及时得到讯息，造成资金损耗，导致了营运资金管理效率处于低水平。

5. D公司营运资金管理问题的成因

D公司在资金营运管理上潜在的弊漏，是长期发展的结果。管理理念太过传统，管理手段太过粗放，这些都使得 D 公司外部发展、内部管理上存在一些迟滞。

（1）营运资金管理制度尚不健全

D 公司在发展历程中，其管理组织不断趋于完善，不过从集团法人治理角度来看，在管理组织中，决策行政行为缺乏严格、独立的机构进行监控。这就使得集团内部存在人为控制以谋私利的问题，尤其是在企业发展战略制定上，往往是总经理依照发展效益来片面化营运资金管理，造成了资金管理风险进一步加大。而营运资金预算也因此偏离健康发展轨道。究其因，D 公司营运管理制度还不够理性与完善。营运资金预算管理本应从属于营运资金管理，但现实来看是管理辅助手段变成了主要手段，大有本末倒置之嫌。营运资金管理制度的不健全，还使得相关管理人职责与权限模糊。此种制度下，分管领导看似各负各责，一旦存在权责接口空洞，就会出现营运资金与生产进程严重不平衡的问题。而经营生产效率不高也成为了直接体现。

（2）企业资产结构比例不够均衡

从 D 公司资产结构来看，其主要由流动资产、流动负债组成。D 公司的流动负债已经被应付账款、短期借款所占据，以 2015 年为例，应付账款所占总资产额度达到 38.91%，而短期借款所占比例也达到 9.53%。同时，存货占比高达 20.64%，应收账款更是达到 34.91%。如此高比例的存货、应收账款，使得企业大量流动资产被占用，D 公司资金营运受到严重影响。为了生存与发展，D 公司只有靠短期借款、应付账款拖延来保证资金流通。这样不仅使得公司背上沉重的债务负担，而且还造成了公司在行业信誉下降，形成恶性循环。

（3）经营活动渠道结构不够合理

营运资金运用效率的低下，其根源在于经营活动缺乏科学性与系统性。企业经营建设渠道有三个方面：采购渠道、经营生产渠道及销售（项目交付）渠道。三种渠道建设的滞后，使得历任管理领导在经营活动中走了许多不必要的弯路。从渠道管理的视角分析，营运资金效率之所以处于低水平状态，经营活动渠道结构不合理是主要原因。结构的不合理使得渠道关系发生混乱，资金运营管理出现分配不平衡、资金流转慢等问题。

采购渠道上，D 公司显得较为传统、单一。作为建筑行业的主要材料，水泥、钢材等太过倚赖于一两个材料供应商，失去了材料采购的横向化比对，可能会滋生"提升价格、暗箱操作"的不良现象。而在建筑行业逐步升温的现实下，面对采购渠道进一步拓展的低效性，D公司采用提升存货比重来降低采购风险的办法。不过这进一步拉高了采购渠道营运资金成本。

生产渠道上，D公司仍然停留在年度生产规划模式上。诚然，作为大型建筑企业要对未来行业发展形势做长期化的评估，但是面对市场的多变，D公司并没有形成快速调整。巨大的存货量，加重了资金占用带来的流通障碍。从上一章内容可以知道，其平均存货周转达到60.91天，存货周转率一直处在高水平线也直接推高了存货占用比。D公司规定，年度计划一旦确定，各分公司即须严格按照遵守，如有变动，及时以文件通知形式下发。脱离生产经营前线的决策，难以直接嗅到市场的瞬息万变，不适应市场发展的生产活动终究会动摇公司发展的根基。销售渠道上，D公司主要与政府单位进行合作。大型的城建项目，使得D公司获得较大的利润空间。但是收款政策、协议的不完善，让公司应收账款数额持续走高。仅2015年一年，应收账款额就达到1039.78亿元，占比为34.91%。有投入，有支付，但是收益无法直接兑现。同时，D公司还须及时偿付分属公司及分包企业的预付账款，极大限制了公司的进一步发展。

第三节　D公司营运资金绩效评价体系建立

一、D公司营运资金管理的目标

结合传统理论进行分析，企业营运资金管理上，主要是对流动负债和流动资产进行管理，提高流动资金周转速度，实现对流动资金的有效使用，控制流动资金成本，通过科学的投资途径，拥有更高的权益资本报酬率。

然而结合我国企业发展进行分析却发现，部分企业管理者在对营运资金进行管理的时候，所管理的内容都是基本要素，没有注意到各个要素之间的关联，同时也不能够针对营运资金在企业生产、销售和供应等各个阶段上经营效益和责任的区别对待。

在渠道管理营运资金理论中，认为企业需要将重点营运资金管理工作定位在分销渠道控制上，实现渠道管理、客户关系管理以及供应链管理与营运资金管理之间的衔接，国内学者和实务界也进行了一系列尝试，验证了该理论的可行性和科学性，在这之后，实务界和学术界均结合这个理论展开对企业营运资金管理的探究以及实践。

笔者结合渠道管理营运资金理论，将 D 公司营运资金管理视为研究案例，通过以要素为基础的营运自己管理评级方式和以渠道为基础的新型营运资金管理评析方式，构建起全新的营运资金绩效评价模型，实现对该公司营运资金管理工作的系统评价。

二、营运资金评价常用指标

1. 安全性分析指标

在施工企业，及时偿还到期债务，能以收抵支是保证其行业信誉及可持续发展的基础性保证。也只有如此，其营运资金的运行才能归于正常状态。从另一个层面来看，衡量企业财务风险的主要指标即为营运资金，故而笔者认为对公司财务内容进行分析的前提就是对营运资金安全性进行分析。在营运资金安全性分析中，资金变动规模是重要因素，而营运资金状况亦为不可忽视的影响因子。具体而言，营运资金安全性分析指标内容有：静态偿债能力分析、动态偿债能力分析及财务结构协调性分析等。

（1）静态短期偿债能力评价

在目前公司偿债能力评定中，其偿债能力定位是重要组成。其主要表现形式为借助流动资产来偿还流动负债。对偿债能力进行评价的重要指标为：现金比率、流动比率及速动比率，其主要反映的是货币资产偿还流动负债、流动资产及速动资产的能力。针对该指标进行评价是基于资产清算之上，并依照资产负债表，来统计固定时间段某公司流动资产偿还流动负债所具备的静态能力高低。这也能够反映出到期债务能否利用流动资产来得以及时偿还。

(2)动态短期偿债能力评价

相比静态偿债能力分析来说,动态偿债能力评价有着明显的区别。该评价是基于持续经营假设,设定利润表、现金流量表等为评价的重要依据,并将现金流入、获取利润等方面作为动态参照因素,从而对企业建设生产过程中债务偿还利用现金流入的能力做出考量。在动态短期偿债能力评价行为中,其指标有生产行为现金比率或债务到期偿还比率等,计算公式如下所示:

经营活动净现金比率=经营活动净现金流量÷流动负债×100%

债务到期偿还比率=经营活动净现金流量÷(本期到期的债务本金+现金利息支出)×100%

这两个指标直观地体现了在企业生产经营活动中流入现金对即将到期、到期债务进行偿还的能力高下。此外,对于动态短期偿债能力进行论证,还可增补企业短期融资能力、利润积累等作为评价指标。

(3)财务结构的协调性评价

在企业经营活动财务资金中,营运资金是不可或缺的重要组成。鉴于企业经营存在不确定性,营运资金也始终处在动态之中。故而要科学、合理运作营运资金,须将不同的财务关系加以调整,在不同财务结构中维系长期的平衡关系,而不单单是短期投资、融资中的协调。

协调性评价主要反映的是企业发展阶段中经营财务特征的变化平衡性。即便企业为营运资金制定一系列远景规划或微观管理性策略,均要与之相平衡。以创立时期为例,如果此时企业开始产品试销,必然会面临着销售业绩小、现金流入有限的问题,企业在制定营运资金融资策略时,须注重策略与现实的适应性及发展稳健性。

同时,在对营运资金安全进行信息采集时,还需注意将企业经营资金配置、财务内部结构间的适配性作为补充。这些信息均与营运资金相关,涵括生产经营行为中营运资金需求、资金配置的协调性、流动资产与流动负债规模间的匹配度及内部结构的适应性,投融资结构长短期平衡性等方面。这些内容均可以作为营运资金配置、投资建设等行为协调性的判定依据,同时也可反映出企业经营资金链存在断裂的风险高低,以及企业营运资金流动的顺畅性与风险潜在的发生率。

2. 流动性分析指标

资金流动性所指为企业于经营活动中资产变现的能力与速率。计算表述为企业流动资产、企业营运资金占全部资产的比值。资金流动性，主要依托其短期偿付能力，可概述为企业某个节点流动资产、流动负债间的数量比率。流动比率、营运资金多寡与短期偿债能力成正比。一般来说，企业现存债务的偿还均为借贷期满方须兑现，故而，偿还债务时间将近，对企业偿债的压力也更加突出。而企业只有提升自己变现能力，才能及时兑现承诺，偿付到期债务。下面将从资产负债率、流动比率、速动比率三个指标来设定资产流动性的分析指标。

（1）资产负债率

在企业财务风险分析中，资产负债率是重要的分析指标，可表述为某个项目负债总额在总资产中所占的比重。资产负债率的分析价值体现在两个方面，一为项目筹集资金上，二为投资者潜在风险把控上。

资产负债率指标的影响因素很多，主要有资金获得难易度、资金流性质、建设项目清偿能力等三个方面。在项目所有者看来，自有资金在总资产中所占比重越大，利润则越小。普遍认为，高资产负债率，可使得以小资金投资建设大项目。而在债权人看来，资产负债率与经营风险成正比。如果要降低高负债率带来的投资风险，就必须要警惕或拒绝项目投资资金一半及以上的贷款额度。从理性角度来看，资产负债率如果维持在50%左右是在可控范围内（资产负债率计算公式见下所示）。

$$资产负债率 = 100\% \times 负债合计 / 资产合计$$

（2）流动比率

流动比率这一指标，体现的是项目偿付流动负债能力的高下，可表述为企业经营活动中流动资产在流动负债中所占的比例大小。它较为直观地表现出短期性负债与流动可变现资金间的对比情况，同时也体现了企业短期债务的清偿可能性与完全性。一般地，许多企业均会借助债券发行、短期借款来获取自身发展的资本，而流动比率也就成为了企业进行粗略分析的重要方法（流动比率计算公式见下所示）。

$$流动比率 = 100\% \times 流动资产 / 流动负债$$

从以上指标我们可以看出，企业流动资产偿债担保数与单位货币流动负债之间的对比关系。这种流动比率通常以150%—200%为合理范围。倘若比例数值较小，说明已经到期的债务企业清偿几率较低；比例数值较大，说明流动资产闲置率高，造成了资源及资金的浪费。不过在对比流动比率时，还须将业内横向水平作为比较对象。此外流动比率受行业、生产性质、销售时段季节等因素影响也较大。

流动比率是企业财务现状、债务清偿能力的初步分析指标，应用范围较广，不过也存在弊漏。流动资产不可避免地囊括了部分存货资产，故而债务清偿能力的高下还在于存货销售可能性问题。如，所建项目难以销售，资金回收率显然很低，此时的企业仍然不具备债务清偿能力，所以要掌握动态的偿债信息，可以速动比率作为分析指标。

（3）速动比率

在流动性分析指标中，速动比率对企业债务清偿速率及能力有着直接的反映。具体可表述为速动资产与流动负债的比值。速动资产是指除去存货、预付支出的净胜流动资产，其可变现率较高，比如应收账款、手持现金及有价证券等。该指标主要是用以反映分析单元流动负债额度与速动资产偿还数额之间的数量关系，同时也可据此指标对企业短期资金流动情况进行理性衡量。

对于该指标进行计算时，要注意行业内企业间的对比，也只有如此，资产流动下的所测项目风险可承受分析才能更加理性与客观。一般地，业内认为速动比率的合理范围在100%至120%之间。

三、评价指标的筛选

1. 反映营运资金营运效益的指标

反映效益的指标是企业获得利益必不可少的考虑因素。但是一个方面的指标相对较为片面，既不能全面展现全局情况，又会在某些方面产生遗漏。所以，衡量多个方面的指标尤为重要。首先，保障企业能够按时偿还资金是债务人最注重的问题，企业能够按时还款是对债务人的借款和本金安全的必要保障。所以，企业在这一方面也有相应的侧重点，企业管理更侧重现面临的或未来可能面临的债务风险。预测债务风险是一个主要的问题，对于降低损失和财务政策的调整有至关重要的作用。因此，反映偿债能力的指标是营运资金管理绩效评价中的重中之重，很多企业在进行运营资金充足率分析上，长选的指标有流动比率、现金比率以及速动比率。

接下来将针对这几个指标加以分析。

第一，就评价方式和目的进行分析，三个比率不存在明显差别，其中在对资产和流动负债分析上，往往将流动比率和速动比率进行对比，从而对企业的短期偿债水平有个掌握。因为流动资产变现时间会有所干扰，流动资产比率也会发生较大改变，所以不能确保按时偿还。相对来说，现金可以随时支付，比较方便，可对于其他流动资产关注得并不全面，尤其对其偿还作用比较忽视，在这样的指标中并不能够将所有结果揭示出来。因此速动比率偿还保障性比较理想，同时能够对流动资产有个相对全面的分析，在反映短期偿债能力指标的这一方面，应用速动比率是较为合适的，此外，它在评价上市公司营运资金管理绩效上也较为实用。

其次，流动负债的偿还能力通常用营运资金充足率来表示。很多时候，流动负债两倍的流动资金量为偿还保障，这样企业才能够及时进行债务的偿还，该比例也就是一个用于评价的参考值。而真正在使用过程中，需要将企业流动资产质量视为评价内容，把两倍安全比例这个数据纳入评价指标中的做法并不科学，不建议采用其作为评价指标。

2. 反映营运资金结构的评价指标

营运资金结构在安全性和经济性的方面影响力较大。资产既有流动性，又有盈利性，并且两者呈反向发展。在财务方面，有风险就有收益，收益越高，风险也就越高。债务到期是营运资金的债务风险的典型表现，企业在偿还过程中遇到困难或自身能力不足的情况下，会产生资金链中断，资金紧缺的情况，从而发生经营不善，企业信誉受到影响的情况，严重时可能面临破产的困境。针对这一问题，在反映偿债能力的指标中，重点在企业债务风险这一方面做出了考虑和衡量。流动资产比重、流动负债比重以及营运资金比重属于传统指标中，营运资金结构的评价指标的重点。首先，以总资产为基础的前提下，主要有流动资产比重和流动负债比重。它们在计算过程中，对各自所占的份额进行详细的计算，其结果可以作为判断营运资金的结构合理性的参考点。如果企业具备一定的流动资产，能过实现快速的变现，则企业在债务到期的时候可以实现有效偿还。流动负债比重主要考虑两方面，一是债务风险，二是成本效益。尤其是在考虑成本效益方面的途径，第一是通过负债节税效应实现收益，第二是短期债务进行收益的获取，这种方式下不会给企业带来较大的负担。基于此，流动负债所反映的信息更加多，可以对企业资金结构中成本效益进行有效反映，所以作为评价指标也更贴近实际。

其次，在体现成本效益的方面，流动资产比重一般从流动资产盈利性这个方面作为主要衡量点。在企业成本效益评价上，营运资金是很关键的一部分，如果这部分资金在总资产中占据着绝对的比重，则会存在过剩的流动资产，企业承担的流动负债量也就低。所以资产盈利能力的降低和资金成本的提高，都会降低营运资金的效益。所以，在营运资金结构中，可以通过营运资金比重进行成本效益的评析，这种做法是可行的。

3. 反映资金流动性的指标

营运资金的流动性是受多种因素的影响的，但管理效率对其影响最大。一般流动性越高，占用的资金数量越少，就体现管理效率越高。应收账款周转率、应付账款周转率和存货周转率是流动性指标的主要方面。不足之处是这些指标较为单一和孤立，在评价营运资金某一个方面时，缺少系统性和联系性，所以在考察问题时比较单一。相反，营运资金周转期、购销周转期以及现金周转期等复合指标就较为全面，它们涵盖了单一指标，并且联系紧密，在新的指标体系中还可以看出指标之间的影响效果。

通常而言，评价指标对于运营资金管理的范围要求比较广。目的是将所评价的范畴进行延伸。因而就将 D 公司的管理绩效运作进行得更加周全与细致。因此要对评价体系进行完善。通过目前所掌握的企业相关数据、资金状况，以及对具体工作的评价。对于资金的安全方面还存在很多问题。所以，之前所利用的评价体系需要进一步完善。

四、评价指标体系的改进

1. 增加营运资金对长期债务偿还保障性的评价指标

以往评价指标的系统中,对于债务风险的应对机制,首要考虑的因素是短期债务的还款能力往往缺乏从宏观方面考虑企业的还债能力。由于公司的不断发展,长期的债务问题会给企业带来很大的压力。如果企业的资金能够满足还债的需求,则企业的债务风险随着减小。而通过企业的发展,之前的债务也会随着变化而改变。所欠的金额将会被企业逐渐还清。因此,虽然此种评价考核体系不属于较为先进的行列。但是作为企业而言,则是较为常用,而且效果突出的指标。所以,根据企业的需要,可将原先的公式进行转换,变为长期负债对营运资金占比 = 长期负债 ÷ 营运资金,如果数值较小,说明企业对外短期债务和长期债务的偿还能力都很强。并且对于之后的长期债务的运营和信誉,也打下了坚实的基础。

2. 增加营运资金来源安全性的评价指标

在评价指标体系中,及时对资金的运作有很大的促进性,但在具体需求方面,是相对稳定的。如果企业想长期可持续发展,稳定的资金流动是首要因素。而不能只依靠短期的债务进行运营,其风险是企业无法控制的。如果企业想将此风险有效降低,则需要利用一些长期的债务进行运营,其风险会得到有效控制。所以,在企业运作中,要将长期债务作为营运首选,才能确保企业资金的安全与稳定。在企业资金链中,加入一定比例的长期债务,才是企业营运的科学方法。而如今的评价体系中,对于资金来源是非常重视的,由此诞生了长期资金保障率,即长期资金保障率 = (权益资金 + 长期借款 − 长期资产) ÷ (营运资金 + 短期借款)。数值越高,则证明企业的资金能力越强,安全系数也就越高。这对于企业的评价指标而言,是重要的因素。

3. 增加反映营运资金与经营活动现金净流量关系的评价指标

通过运行企业的营运资金,可以将企业的现金能力得到大幅提升。一旦现金有所保障,企业的营运将更加顺利。因此这两种因素的关系是相辅相成的,当企业的现金流越发强大,则所具备的能力与空间也会随之增大。并且对债务的偿还能力也就越强。企业在此过程中不需要存放过多的资金与其他资产。可将部分资金投放到其他相关项目中。因为在实际营运中,企业的现金流和运作资金是营运的核心要素，因此在原先基础上增加了两项指标。一是营运现金回报率，公式是营运资金现金回报率＝经营现金净流量÷营运资金平均余额，其数值越高，则企业的资金能力越强，二是经营现金流负债比率，公式为经营现金流动负债比率＝经营现金净流量÷流动负债，数值越高，说明企业的还债能力越强，对于评价指标而言，属于积极因素。

五、营运资金指标体系的确立

通过以上分析评价指标的类型与意义，发现未来的趋势。因此对原有的评价方法进行补充，将D公司的评价体系进一步完善。

升级后的评价体系将内容与D公司的实际情况相结合，根据具体工作的规范与要求，设置了具体的评价标准，与绩效考核内容相符。目的是对D公司的资金营运情况进行细致有效的评价。

此种方法较之前相比，更加具有层次性，尤其是对各个绩效环节的因素而言，有更加明确的图像。这种方法是20世纪70年代美国专家托马斯·萨尔所研究的。它是将固定分析的方法与定量法相结合。其中还包括了心理学等因素。将其进行分析，为企业今后的发展提供参考。这一方法的优势在于可减少企业高层的工作量，而将层次中的内容进行重点考量，然后对其进行比较。最后将结果与人工判断的结果进行汇总，得出最终的判断，为企业提供决策依据。

在使用层次分析法进行评价时，第一步就是将内容进行分层法，形成一个整体的体系。而若要度内容和数据进行对比时，则要利用相关计算结果进行评价。而此方法中包含的比率标度方法，是相关专业人员根据具体内容进行确定，同时要对其中的数据进行对比。

（1）建立层次结构模型

此模型是按照平衡记分卡的四大因素与不同考核角度进行实际评价，形成最终的模型。此文按照企业级别的KPI权重评价为例，详细阐述了其中两大类型的计算方法与公式。

（2）构建两两比较判断矩阵

在进行数据矩阵时，D公司与相关专家进行了多番讨论。依据表4-2标注的比率标度法，以及多维度的评价结果进行对比，并进行专业考核。通过整合数据，深入分析。对其进行逐一评价。

六、评价指标体系改进

（1）计算权重

1）先计算判断矩阵每列的合计，如下表所示：

2）将进行对比的具体因素，除以所在序列的总和。所得的结果，便是构成新数据矩阵的具体数据。

3）将进行对比的各项数据进行平均化处理，所得到的数据，就是每个因素的实际数值。

纵观以上表格，便可了解企业的现金情况，运营实力，以及现金运营的安全系数，和偿还债务的能力，将权重相加得到1.并且也了解了数据对比特点公式如下：

$$W=（0.5999，0.1160，0.2128，0.0714）T。$$

（2）AHP的相同性体验过程

第一，通过公式得出最大特点根。其次，计算一次性比率。当得出四大维度的具体数值后，更要对每个维度中的详细数据进行计算，最终得出具体数值将数据统一整理后，形成模型和矩阵，根据具体的计算方法得到最终的权限数值。

（3）各指标的具体权重

本评价体系从企业的资金结构、资金来源结构和债务清偿能力以及可持续发展能力四个方面展开分析，对企业的盈利和债务偿还能力以及资金筹措水平等进行了全方面的分析，在对如上指标进行核算后，形成的评价标准有两种，第一种是横向标准，主要是针对各个企业之间进行水平的对比，第二种是纵向标准，针对企业内部不同时间段的指标进行对比。

我国企业营运资金管理中心每个年度都会向外部公布《中国上市公司营运资金管理调查》，主要是对我国上市公司营运资金管理进行展开调查，站在渠道和要素的两个角度上分析企业这项工作上的整体分析和行业分析，同时还会对不同地区行业营运资金管理展开对比。基于此，本书中给出的评价体系也可以用于其他企业指标核算上,衡量企业的营运资金管理水平在整个行业中的概况。

文章运营资金符合评价体系中指标核算上的所有数据都来自该公司的年报,为了能够对公司进行更深入的评析,可以将企业最近几年的相关数据通过该体系进行核算,然后进行对比,获取答案。

以 D 公司 2015 年数据为例,对 HS 资金情况进行具体分析,结果如下:

①营运资金需求占比

营运资金需求 = 营运资产 − 营运负债 =2,569,231,953−1,830,273,035=738,958,918 元

营运资金需求占比 = 营运资金需求 / 总资产 =738,958,918/8,123,134,580=9.10%

在进行如上详细核算之后,发现该公司营运资金需求占比达到 9.10%,站在整个集团发展立场上进行分析,施工企业短时间里在营运资金需求上是相对平衡的,不需要承受短期营运资金需求压力。

②营运资金占用率

营运资金占用率 = 营运资金需求 / 销售收入 =738,958,918/5,643,530,553=13.09%

经过核算发现,施工企业的营运资金占有率达到 13.09%,可以说该公司在资金管理上的效率是相对理想的,集团财务管理方法恰当,管理工作效果明显。只是公司需要在接下来的时间里提高销售收入净利润水平,让集团经济效益得到明显提升。

七、评价体系的具体应用

数据来源于 D 公司 2013—2015 年财务中报、年报。为了选取的指标值具有可比性,选取万科股份有限公司,南京溧水城建集团有限公司,嘉善县城市建设投资集团有限公司三家不同类型的建筑企业作为对比,三家企业分别属于大型、中型以及小型企业,数据对比也更加具有对比性和说服力,对四家公司的营运资金相关指标进行了数据分析。

通过计算：

首先，D公司流动负债为14.99%，在整个行业中进行对比，该公司该水平是相对较高的，流动负债低，也就是说公司债务风险水平低。结合经济效益进行分析，施工企业并没有对流动负债进行有效利用，尤其是营运资金成本相对高，企业需要通过应付账款等信用进行有效融资，实现资金成本的控制。

其次，施工企业营运资金比重是17.51%，这个数据和行业进行对比，要低于平均数值，如果资产流动性要高，则企业盈利性会降低，结合经济性进行分析，万科公司营运资金比重要高一些。

再次，施工企业营运资金增长率是1.69%，这个数据要高于行业平均水平。只要营运资金增长率不是负数，则说明该企业内部营业收入增长率在营运资金增长率之上，公司业务销售量是不断提升的，公司在当下的发展状况良好。

第四，D公司营运资金净资产率为26.41%。站在股东的角度上进行分析，股东给出的资金主要被公司用在股东资产累积上，也就是说这些资金主要用于企业长期发展，能够给公司带来更多的预期收益，相应地，他们的资金很少被投入到日常经营中去，这样的现象对于股东来说是好的，同时也能够推动公司的健康前进。

施工企业中营运资金在净资产中占据的比重为25%，这个数据并不是很低，但是从行业的角度上分析，并没有超过其平均数值。

第五，D公司长期资金保障率为-6.86%，站在长期资金保障率指标上进行分析，施工企业的长期资金并不能够和长期资产对应起来，尤其是在2010年度，该公司的长期资金在长期资产缺口上竟然上升为0.87亿，企业内部营运资金中并不存在长期资金，同时其余活动上的长期资产也是公司通过外部长期借款的方式予以支持，因此公司财务风险是很高的，资金来源上的安全度也不理想。

第六，D公司营业收入倍数为1.49，结合财务指标进行分析，营业收入倍数如果高，则企业的营运资金来源上就比较可靠，在资金中，营运资金的部分比较少。经过核算发现该公司的营业收入倍数指标分值为55.58分，要比行业平均数低。

第七，D公司速动比率为195.11%，结合企业发展规律进行分析，如果速冻比率在100%之上，则说明企业短期偿债能力是乐观的，施工企业要远超过这个数据，因此说企业能够有效进行短期债务的偿还。

第八，D公司经营现金流动负债比率为84.19%。根据企业发展规律展开分析，如果企业经营现金比率在100%之上，则说明该公司的短期负债偿还上是具备一定能力的，需要注意的是，这个指标并不是对所有公司都适用。对于D公司来说，内部大部分流动资产可以被短期变现，因此企业的经营现金流量如果较低，也不会导致企业无法进行短期债务的偿还。另外对施工企业进行分析后却发现，其内部交易性金融资产和可供出售的金融资产在变现能力上非常低，因此就假如企业现金流入量较低的时候，可能会迎来债务危机。

第九，D公司长期负债对营运资金的比率106.86%，通过这个指标我们可以对企业的债务清偿能力有一定的理解。这个指标在1之上，也就是说企业的长期负债比营运资金高，因此企业可能在长期债务到期的时候无法进行有效偿还。

八、本章小结

本部分对D公司营运资金绩效评价体系建立进行阐述，首先确定营运资金管理的目标，其次，对评价指标进行确定，然后对其进行筛选、补充，最后确立新指标，以在D公司中应用。

第四节　措施与建议

一、完善货币资金管理的措施建议

1. 优化货币资金预算管理制度

货币资金的预算是对未来资金使用情况的预测，企业用来将某个会计期间的收入、支出和结余情况通过预算表反映出来。货币资金的预算工作既可以对货币资金进行有效的规划，也可以加强对货币资金流动的管控，提升货币资金的使用效率，同时对提升企业整体的资金管理水平也大有裨益，目前虽然D公司已经实行了货币资金的预算管理工作，但是仍然存在需要改善的地方。

①完善货币资金预算管理组织

经过优化后的货币资金预算工作流程中，货币资金的预算管理工作需要由上而下，引起以商务部、材料部、分公司领导和项目部项目经理为代表的重视，将货币资金的预算管理工作作为一项重要的工作内容，在总部建立一个全面、完善的货币资金预算管理组织，主要职责就是对货币资金预算工作的具体内容进行分析和制定，并进行考核评价，对货币资金预算管理工作进行全程管理和监督。

第一步，要在D公司开展的全面预算工作中，将货币资金的预算管理工作作为重点，由企业的最高领导层、市场部、商务部、财务部、材料部的相关负责人共同组成货币资金预算管理小组，对这项工作全权负责。D公司的货币资金预算管理领导小组召开的年度预算管理工作会议上提出具体方案，然后进行讨论，最后给出结论，制定出有关的制度和方法，对下级单位上交的货币资金预算进行审核，审核过后最终敲定企业的预算管理方案。

第二步，为了持续推进货币资金的预算管理工作，可以设置一个货币资金预算管理部，该部门对货币资金预算管理领导小组负责，主要负责日常事务的处理，包括各个时期货币资金预算的编制、审核、监管和考核等工作。同时，货币资金预算管理部可以设立于总部的财务部，负责向货币资金预算管理领导小组提交预算报告。

第三步，除了D公司总部之外，在各个分公司、项目部成立货币资金预算管理部门，根据当下的生产经营状况，自下而上编制货币资金的预算，并且层层向上级汇总，使企业更多的人参与进来，真正建立一个归口管理部门的体系。

②货币资金预算的编制

货币资金几乎贯穿到企业经营管理的各个环节，所以各个部门必须配合货币资金的预算管理，编制预算需要自下而上上交，自上而下推进落实。货币资金的预算工作需要D公司总部的财务部作为主力军，商务部、市场部等积极参与，配合货币资金预算工作的展开。总部财务部作为领头羊，主要负责汇总货币资金的预算。各个部门按照部门职能对应审核每一类的货币资金预算项目，比如分公司市场部的货币资金支出由总部的市场部负责审核,然后将审核意见及时传递到总部的财务部门,最终由总部财务部对该项预算进行审核和汇总。财务部要对货币资金上可能存在的风险和可以带来的效益进行评估,在此基础上重要项目重点管理,编制出企业的整体预算。

③货币资金预算的执行

货币资金的预算编制固然重要,但是编制完成后的执行更为重要,所以 D 公司应在招投标、组织施工、材料采购、申报产值、竣工结算等各个流程,以及在各个流程的各个环节强化预算工作的执行,比如在材料采购流程的申购、供应商选取、购置、验收、领用的环节加大对货币资金的预算执行力度,使货币资金预算管理工作的质量在整个经营过程中得到保证,在执行的过程中进行管控,避免使货币资金的预算工作只停留在表面。同时 D 公司货币资金的预算工作应该囊括总部以下的各个区域分公司、专业分公司和项目部的财务部、市场部、商务部等,明确以这三个为代表的每个职能部门的职责范围和权限,比如总部的财务部主要负责货币资金的筹集、调拨和支付,组织各个分公司完成结算工作;商务部负责统计产值和结算收入。鉴于当前货币资金收入的预算存在较大出入的情况,分公司以及其下设的各个部门之间预算的准确性就极为重要,按照编制好的预算收入进行有序的回款,为货币资金能够及时到位提供保障。

货币资金的预算工作执行之后,应当对实际工作取得的效果持续跟进分析,和预算编制时的目标值结合起来,进行差异化对比,找出可能产生差异的原因,比如是外部市场环境的改变还是内部预算工作监管不到位,执行力度不够深入等。根据所产生的差异的原因,判断对后续预算工作的影响,进而不断做出调整。

④货币资金的预算考核机制

为了货币资金预算管理工作能够真正落到实处,形成有效的约束,对货币资金预算管理的工作建立考核制度,预算工作执行力度的大小和是否具备考核机制密切相关,之所以 D 公司当前的预算工作流于形式就是因为缺少了对这项工作的考核。因此,货币资金预算的工作进度和执行力度要和 D 公司各个部门,各个岗位的年终绩效考核联系起来,为货币资金预算工作能够落到实处提供有力保障，通过财务部门整理归集每月、每季度的预算执行状况并且上报，一旦发现问题，将货币资金预算管理工作执行情况的考核结果纳入到绩效当中去。如果该项工作的预算比较准确则该部门就可以获得相应的奖励，对于预算偏差较大的部门，首先要采取措施进行整改，再根据出现偏差的原因给予一定的处罚，有赏有罚，确保货币资金的预算执行到位。

2．完善货币资金内部监督机制

鉴于当前D公司的内部审计的实行状况以及人员力量相对比较薄弱，总部要成立一个稳定的、专业人才充足的内部审计部门，并且对内审部门的职责和权限加以界定，具体包括内容如下：

①成立内部审计部门

D公司应该成立以总经理为核心的内部审计部门，与其他部门独立开来，保持其自身的独立性，工作内容由成员直接向总经理汇报，这样就可将内审的独立性和信息的沟通同时兼顾到，确保内审的作用得到发挥。

②内部审计部门的主要职责、内容以及权限。

二、完善应收账款管理的措施建议

1．建立应收账款的信用管理制度

（1）成立应收账款管理部门

鉴于当前D公司并没有成立应收账款管理的相关部门，所以在进行具体的管理工作之前，应成立应收账款管理部，将应收账款的管理工作从财务部门剥离出来进行专项管理，财务部则回归本职工作，做好应收账款的核算工作，市场部门做好信息收集和市场调研，商务部负责跟踪管理和清收欠款，除此之外还要将法律合约部和内审部门一并纳入。

应收账款管理部对应收账款管理工作全权负责，是该项工作的最高管理部门，负责制定应收账款的管理制度和回收计划，部长由总经理担当，副部长由总会计师或者副经理来担任，下设的各个部门由各部门的负责人作为成员。

同时为了提高工作效率，各司其职，进行专项管理，成立信用管理组，连同其他部门一起划归到应收账款管理部的下面，作为其成员单位。

（2）制定信用管理方法

D公司通过收集甲方的信息，进而建立信用档案，再进行对甲方的信用评估工作，最后根据评估结果进行决策。

①根据D公司所开展业务的特点，设置关于甲方信誉资质的档案，其具体包括的内容有：

1）该档案所需信息包括：基本情况、经营状况、财务状况、信用记录。

2）确立收集信用信息的渠道。

D公司可以通过以下四种渠道来收集关于甲方的信用信息：

a. 通过直接渠道，也就是从甲方直接取得其相关的信息，这样最快速，同时也最方便，但是其提供的信息是否可信，是否准确就需要发挥信用管理组的作用，对甲方的信用进行评价，考察和跟进来确保消息的准确性和真实性。

b. 通过间接渠道，作为建设单位，甲方必然与同行业的其他单位有过合作，那么在甲方的信息不便于直接获取，或者有难度的时候，可以将与甲方合作过的单位作为信息的桥梁，获取甲方的信息，比如，甲方是否能够按进度拨付工程款，是否能够及时结算工程余款，质保金的数量，返还途径及方式，等等。

c. 通过公共渠道，这个渠道的信息获取成本较低，但是信息可能比较陈旧，准确度不高，比如从银行了解其贷款信息，通过财经类的门户网站查阅其年报等，了解其在某个阶段的经营状况和财务状况。

d. 通过外部机构，一些外部机构拥有广泛的调查渠道，借助外部机构的力量可以获取甲方更多的资料，但是这个渠道的信息也难以保证准确度，所以在使用该类信息时需要进行评价。

3）对收集的信息进行审核处理

信息的来源渠道不同，那么信息的真实性、准确性也就参差不齐，那么接下来就需要对这些信息进行整理、核对、选取、归类，最后归入到信用档案中。

②分析客户信用信息

1）建立指标评价体系

结合D公司的往来业务的特点，根据应收账款账龄分析、工程款回款率、垫资额占合同额的比例、质量保证金以及资金拨付比例来建立指标评价体系。

2）制定指标的权数

首先，在与工程款回收有关的项目中，选取影响工程款回收的指标，在选定的范围内进行首次筛选；其次，在首次筛选的范围内进一步选取对工程款回收影响较大的指标，该指标的选取主要依靠分析历年应收账款形成的主要原因，并且开会讨论，通过商讨确定最终选取的指标。指标权数的设定与该项指标对工程款回收的影响程度成正相关，影响大则权数设置较大，影响小则权数设置较小。

3）实施评估工作

评分工作由商务部、市场部和财务部的管理人员组成评分小组，根据收集的业主的相关信息进行分析和评价。打分之后，按照每个客户的得分情况，分别对应其相应的信用等级。具体而言，分数在80分以上的发包方，将其信誉等级归为甲级，这一级别的客户信誉最好，在企业可接受的风险管理范围之内，可优先考虑更大的信用额度以及更长的付款期限；得分在60到80分之间的将其信誉等级归为乙级，该级别的客户需要慎重对待，付款期限可以适度延长但不能超过约定的期限；得分区间在30到60分的信誉等级为丙级，这一级别的客户信用较差，工程款要随时跟踪收回，付款期限不可延长；最后得分不足30分的为丁级，这一级别极易发生坏账，对于丁级就不再提供任何优惠政策，最好采取不再予以合作。

2．加强应收账款的日常管理工作

甲方一般是按照节点拨付工程进度款，但是并非足额拨付，而且整个施工周期很漫长，应收账款是持续存在的，很有必要进行持续跟进的管理。对甲方信用评估属于前期的工作，应收账款催收属于后期的工作，所以在这之间应该进行应收账款的日常管理，从而形成一个完整的、动态的管理过程。因此，完善催收制度的工作之前，要进行应收账款的日常管理。

（1）改进应收账款的日常管理方法

鉴于D公司在应收账款管理中存在的疏漏，就要相应的对其进行改进并加以完善，具体工作是将当前项目的工程状态、工程进度、已完成产值和甲方实际确认产值以及合同约定的付款条件或者比例一并纳入到应收账款日常管理工作中来,对应收账款管理形成一个多角度、全方位的管理。

(2)加强持续跟进管理工作

①做好与甲方的沟通工作

工程施工期间,存在着很多变数,比如合同条款的变更、工程进度是否能够按计划进行、结算方式等问题,项目经理要与甲方就此类问题及时沟通,共同商讨可能出现的问题,避免因沟通不到位而引起纠纷。

②与工程进度保持步调一致

该环节涉及工程监理人员,因为只有经过监理验收后才可以进行结算,所以项目经理在把好质量关后,应及时通知监理人员进行审核完成结算,以防结算受到延误,导致工程款回收出现困难。

③对应收账款进行持续监控

D公司的信用管理部门要对甲方的财务状况、资金走向等通过调查收集相关信息,进行预判,如果甲方的经营状况有变、资金缺乏且不足以支付工程款,那么就要尽早采取行动来结清工程款,做到未雨绸缪,尤其是一些信誉度较低的客户,更要作为重点的监管对象。为使应收账款回收能够得到保障,要求甲方提供抵押,可以有效降低应收账款变为坏账的风险。

3. 制定应收账款的催收制度

①运用账龄分析方法

通过运用账龄分析法,可以了解该笔账款的周转状况,对应收账款形成实时的监测管理,加速工程款的收回。通常情况下账龄的长短与回款的难度和发生坏账的可能性之间是成一种正相关的关系,账龄越长,越难收回,越容易成为坏账。所以,D公司通过编制账龄分析表,对账龄进行详细的分析,据此对甲方开展应收账款的催收工作。

②合理运用第三方催款

D公司对尚未结清工程款等各项款项的甲方,发出催款通知后,如果甲方无动于衷,不予以配合企业回收工作的进行,信用管理部门就可以将其列入信用等级里的顶级,作为重点管理对象。接下来继续发出催款通知,若甲方依然如故,百般拖延款项支付的情况下,就可以将第三方催款机构介入到该笔款项的回收工作当中，换一种方式进行收款。D公司将多次催收但难以收回的应收账款，按照其金额的大小、账龄的长度划分类别，借助第三方机构的力量来追回应收账款，虽然可能会导致成本增加，但也不失为一种收回欠款的手段。

③明确相关责任人和责任部门

D公司在成立了应收账款管理部和建立信用管理组后，将信用管理组、商务部和财务部作为主要的管理部门，各部门的领导为应收账款催收工作的主要负责人，三个部门之中，信用管理组和财务部辅助商务部来完成催收工作，将责任落实到具体的部门具体的管理人员。

在收账款催收流程中，各部门各司其职，分工明确，相互配合才能构成一个完整的工作流程。如果其中一个环节出现问题，那么应收账款的整个催收工作就会受到影响，所以问题出现在哪个部门，哪个部门就要对这项工作负责并承担相应的责任。例如：信管组没有及时将甲方的信用等级以及信用时效等相关资料告知商务部门，应收账款管理部就要追究其责任，扣除其部分奖金。同时为了保障回收工作的进行，D公司的应收账款管理部和内部审计机构要进行监督。

三、完善存货管理的措施建议

1. 合理确定存货采购量

运用"三方核量法"，所谓的"三方核量法"中的"三方"是指D公司当中的三个部门，即材料部门、预算部门及项目部，"核量"也就是核算并核对存货材料的采购量。在进行存货材料的采购时，由于项目经理或者工长主要在现场进行管理，相对其他两个部门而言要更加熟悉施工中的用料状况，所以项目部的项目经理或者工长应基于当前的工程进度，提前将接下来施工过程中可能要用到的材料进行统计并预估材料的用量，统计工作完成后要将统计结果及时传递到预算部和材料部，材料部要进入施工现场亲自勘察，对项目部上报的工程进度进行核实并对材料采购量进行测算，同时预算部也要展开采购量的预算工作。

三个部门在存货材料的采购量测算工作结束之后，共同进行商讨，将各个部门的结果放在一起进行比对，查看彼此之间差异量的大小，如果差异结果较大，那么各自查找原因，重新展开测算工作，再进行对比，直至差异量控制在可承受的误差范围之时，这项工作结束，以共同商讨一致的结果作为采购量。

三个部门之间构成一个有机统一体，采购工作也不再由材料部来主要负责，形成一种及时、有效的配合，在信息交流与沟通方面也避免了信息流动不畅，并且同时形成了一种互相监督的机制。

2. 优化存货的分类方法

鉴于建筑企业存货材料的多样性，以及D公司因为分类不合理而导致存货周转率下降的情况，很有必要对该企业的存货材料分类方法进行优化。具体通过D公司承接的GM项目中的挡墙工程来说明。

首先，通过该工程的工程量清单选取该项目研究的材料，其次根据工程量的数值，大小均要选取，单价和总价同理，这样数据具有一定的代表意义。

为了对D公司的营运资金进行更加深入的研究，后续工作计划从以下几方面展开：

首先是"全过程"。所谓全过程，总体来说是指建筑企业生产经营的全过程，具体来说包括前期的招投标工作，除了做好市场调研工作外，如何计算好接下来工程建设对营运资金的需求量；中期进入现场组织施工阶段，这个阶段是营运资金需求量最大的一个阶段，伴随漫长的施工周期，人工方面的工资奖金、材料方面的各种施工用料、器械方面的大型设备租赁等需要营运资金不断注入来维持项目运营；结算阶段应尽早完成结算，收回工程款，避免大量应收账款的出现，从而保持营运资金的充足性和流动性。

其次是"多角度"。所谓多角度，即引入新的研究理论指导营运资金的管理，从阅览的相关文献来看，营运资金的研究不断取得新成果，所以后续的研究工作中，可以从渠道角度、利益相关者角度等进一步分析营运资金如何进行有效的管理，同时与D公司的实际情况结合起来，做到理论与实践相结合。

最后，鉴于当前D公司采取总部—分公司—项目部的管理方式，信息在逐级传递的过程中可能会产生失真，比如项目部施工时没有对资金进行合理预算，将该预算量汇报给分公司，分公司再汇总至总部，这样总部汇总的信息并以此制定的预算计划就有可能与实际有很大的出入。所以为了加强部门间信息交流沟通，并对各个部门的工作进行有效监督,就需要加强内部控制工作,保障营运资金管理工作落到实处。

四、完善营运资金管理政策制度

管理政策制度,是企业发展健康化的前提与保证。D公司作为建筑企业,其战略核心是优化营运资金管理,实现投资经营效益的最大化。我们可以从以下几个方面来尝试调整与改进。

(1)严明区划企业法人管理权责

在D公司,董事会作为企业的高层管理机构,须能担当起必要的管理责任。在D公司,总经理同时也是董事长,这促进了决策意见的统一化;但是同时要坚决防止权利的过分集中,导致民主化决策变成空话。作为董事长,要明确其行使行政权前能够得到董事会真实授意,且符合决策与管理规范流程。要坚决杜绝唯官是从的思想与行为,防止管理脱离制度与程序。

(2)调整、补充营运资金管理制度

目前来说,D公司营运资金管理,需要更加明确、具体化的权责分定。解决这个问题的直接途径就是调整补充营运资金管理制度。在界定条例中,还须特别指出,如果有管理者擅自僭越职权或破坏制度究竟匹配怎样的处罚。只有明确规则与职责,并严明赏罚,制度的规范与约束价值就会显现出来,从而避免营运资金内部控制低效甚至失效的风险。

(3)建立健全科学的评价考核制度

在集团公司内部,科学、完善的制度能够为企业的营运资金管理提供一个更好的空间。这项工作的主导者是管理者和内部工作人员,因此一切行为或者结果都离不开人员的操作,问题的解决还需要从人的角度上分析问题,如:为提高财务管理人员的积极性,为其工作打造一个公平公正的环境,并给出激励机制。企业职工在进行每一项工作的时候,做选择的前提都会感受到来自考核制度的监督。可以尝试在适当的情况下,以奖励基层职工集团股权为手段,激发其竞争欲望,让其自觉成为主人翁的角色。

（4）制定良好的企业信用管理政策

进行信用政策的编制，需要结合三个因素，分别是科学化信用标准的拟定、信用期限的合理化确定及收账政策的理性化制定。

可以说，作为集团营运资金管理者，因为行业的差异，其信用标准的定位也有所不同。信用标准是指经企业同意，提供给客户商业性信用的原则与约定。在实践中，预期坏账损失率是作为信用标准的重要衡量指标。如此的判定方法，对企业营运资金管理者提出了更高的要求，即对集团债务的科学认知与信息把控。从现实来看，客户为了不进行款项的偿还，会给出各种理由。就算是那种信用水平高的客户，也会有时候不及时进行账款的归还。基于此，在应收账款管理上，应该对其进行定期的跟踪分析，倘若客户账户出现款项汇寄异常情况，须及时明晰就里，立即设法追收。

（5）建立推动现代会计制度成熟化发展

建立会计准则，对于现行会计制度的发展完善具备推动力。从 D 公司的应收账款情况来看，其建成完工并符合验收标准的项目，绝大部分集团公司都存在账款到期不能清偿的问题，单个客户清偿率不足 90%。D 公司每个会计周期都会对账款进行账龄统计、分析。不过即便如此，仍然将信任放于长期性债务业主上，且继续赊销。一些企业的账龄甚至超过了 3 年，D 公司对这类业主并无有效的追欠渠道与手段，货款赊欠严重。这就需要集团公司能够建立并推动现代会计制度成熟化发展。集团公司从上而下都要对营运资金问题重视起来，尤其是总经理要将理念化为实践，尝试在集团内部建立明确、独立的追讨欠款部门，赋予其一定的收账调整权力，同时建立追债责任制与奖励机制。要求该部门每季度进行一次"追薪"财务汇报，并拿出下阶段追薪计划，以此来提升追薪效力，降低应收账款比重，盘活企业发展资金流。

五、优化资本结构控制资产流失

D 公司公司业务规模非常大，涉足多个经营领域，因此导致该公司资本结构失衡。经过计算发现，该公司长期以来，其资金保障率是 −6.86%，也就是说该公司拥有的长期资金和长期资产并不对应。上文中已经提到，在 2010 年，该公司的长期资金在长期资产上便出现了缺口，缺口金额达到 0.87 亿，也就是说企业日常的营运资金管理中并没有长期资金为其提供保障，同时在企业其他业务上所需长期资金也来自企业的长期借款等外部融资，因此企业面临的财务风险水平是比较高的。施工企业屡遭经营亏损，同时不良资产在总资产中占据的比重要高。笔者认为，该公司在进行资本结构优化上，首先是对不良资产进行调整，分公司可以和所在行业的巨头进行合作，将不良资产进行变卖等处置。如果发现现有的资金无法进行债务的归还，则可以在第一时间进行破产申请，走破产程序，同时还需要财务人员在财务管理中给出可行的财务方案，定期针对集团中的财务账目进行核对和检查，提升企业在整个市场中的形象。

要做到优化资本结构，还须建立并完善营运资金的管理方法，加强应收账款追讨力度，创设沟通渠道，必要时可依托法律手段，力争向拖欠时间较长的债务方追回资金，以改善其财务营运状况。要建立精准化的存货估测系统，降低存货额度，提升额外营运资金运用的合理性，同时要对闲置设备等存量资产进行盘活，以提升流动资金续航力，提升营运资金质量。加强内部控制，完善内部管理制度，压缩并消除认为侵吞企业资产的行为空间。

此外，还可通过适当减持短期债务，提升长期负债或股本金的占比率，从侧面降低应收账款的份额，来保证企业在相当长的时间里，能够潜心建设，免受债务负担影响。其实在建筑领域，负债式经营已经成为了潜规则。除去业主资本不足导致的投资资本短缺外，企业自身也希望通过举债经营达到财务杠杆的效应。在 D 公司，其流动负债要低于流动资本 10 个百分点，这说明 D 公司的资产负债率尚处在可控范围内，且资产负债率还能有一定程度的提升，以保证资金流动畅通性，提升经营效率与效益。

六、不断完善营运资金管理渠道

根据分析，发现 D 公司经营现金流动负债比率为 84.19%。结合企业发展规则，如果企业的可经营现金流动比率在 100% 之上，则企业能够进行短期债务的偿还。在这里需要注意的是，这个指标并不适用于所有公司。

D 公司在营运资金周转期变化不大，三年的经营生产资金周转均在 185 天上下，说明 D 公司在营运资金周转上并没有较大的管理成效，管理手段选择空间也较为窄小。

相比行业领先公司，D 公司差距明显，这说明营运资金管理中施工企业存在管理漏洞、目标定位及管理手段等方面的缺位。首先是对企业经营管理者的思想进行纠正，以此为基础结合现实问题和相关理论进行该公司管理绩效评价体系的建设。与此同时实现对材料购进、生产经营以及产品销售渠道展开有效监控，可为其营运资金周转率更高，资金流动保障性更高。

对公司采购情况进行分析发现，该公司需要进行采购渠道的扩建，和当下的材料供应商就成本和脉络展开分析，与其进行长期有效的合作关系建立，另外要注意和信用水平高的供应商加强往来。对于成本过高的原料，可尝试从材料原产地进行直接购进与运输。同时，对采购人员的选择，也须慎重，业务能力强、职业素质好、工作信誉高的采购部人员为首选。

对企业经营生产进行分析发现，该企业的建设部门协调性并不好，因此需要该公司能够就原料加工部门到建设部门再到装饰部门等进行生产渠道的衔接，促使财务部门和信息管理部门在生产建设工作上进行合作，方便财务部门信息的获取，同时也为信息管理部门提供更好的数据和管理建议，最终推动企业生产力的提高。在销售渠道上，该公司需要明确行业发展方向，同时以建设合同为基础构建新的房地产营销途径，拓展销售渠道。

七、建设营运资金管理信息系统

营运资金管理的科学化离不开信息管理的精准化与便捷化。

经过对 D 公司信息系统建设现状进行研究，笔者对其信息系统建设工作提出四点建议：①要在采购管理、生产管理、销售管理及财务管理等部门之间，构建协调、互动、统一的管理模式，可利用总经理的人脉资源及权力优势，逐步实现管理一体化，提升其整体收益。②在材料采购、生产建设、销售等渠道环节，让财务部门加入，对其进行科学化、细节化管理。以材料采购为例，财务部门可以参与采购合同的审批，使其在质量可控范围内降低采购成本；在生产建设渠道，财务部门可为其拟定合理的生产目标，降低材料存货率，避免过多资金占用；在销售渠道，则可辅助其合理定价，在可承受范围内，在短期实现资金回笼，缩减运营成本及存货风险。③信息系统建设是必要的，但是其成本亦应该控制在一定范围内。建筑行业效益受季节、国家政策及行业竞争环境影响较大。而信息系统建设是要保证其在既成条件下得到最大收益。故而，进行信息系统建设所需求的成本，必须低于其技术优势带来的价值。④信息系统的引进，让D公司营运资金管理更加便捷化、更加规范化。不过在对软件进行适应性技术修改时，集团公司要全力争取并掌握技术修改权限，积极培养属于自己的计算机技术人才或专家。这样的做法之目的就是，让信息系统建设更加符合自身实际，并能在一定范围内保证企业财务机密的安全性，提升行业竞争力。

当然，建筑行业信息化建设现状与条件不是一成不变的。D公司还需在信息化建设创新上做出实质性努力。如电子商务交易平台的构建。这样行业资源信息共享是第一步，而及时了解行业信息，制定及时、可行的营运资金信息管理策略才是最大受益。

通过上述分析，在大量阅读营运资金相关的研究文献基础上，得知了企业财务管理的核心是对资金的管理，而资金管理的核心是对营运资金的管理，所以文章以D公司为案例研究对象，通过在该企业进行实地调研，在获取相关数据和管理制度的基础上，对D公司的营运资金管理问题展开研究，通过对该企业营运资金管理问题的研究得出了以下结论：

（1）分析了D公司的营运资金构成现状，得出结论是：在营运资金规模方面，流动资产占据总资产的90%，这样使企业具备了偿付到期债务的能力，但是不可避免地影响到企业的盈利能力，而流动负债占到了80%，说明资金半数以上来源于流动负债；在营运资金组成结构方面，流动资产中的货币资金、应收账款和存货占了流动资产的80%以上，这个比例是相当高的，尤其是应收账款和存货，足以对营运资金产生决定性的影响。

（2）分析D公司的营运资金管理，得出结论是：在安全运营方面，存在有三个风险点，分别是货币资金变化不稳定、应收账款数额大和存货数量多；在流转效率方面，存在有两个风险点，分别是应收账款周转期较长、存货周转速度缓慢。

（3）分析了当下 D 公司营运资金管理中存在的问题，得出的结论是：货币资金方面，货币资金预算管理、内部监督效果均存在有问题；应收账款方面，缺乏具体的管理部门、信用管理缺失、日常管理不到位以及催收制度不完善等问题；存货方面，主要是存货采购量估算不准确和分类比较简单的问题。

（4）提出了相应的措施，结论是：货币资金方面，强化货币资金预算的编制、执行和考核机制等工作，加强内审工作；应收账款方面，首先要成立应收账款管理部，建立信用管理组织和开展对甲方信用资质的调查以及完善催收制度；存货方面，合理确定存货的采购量和对存货材料重分类。

第六章 结　论

在我国不断发展的市场经济体制下,建筑业正在经受着各种各样的考验,如新技术促动下机械化、计算机化进程的推进;营运资金管理等。作为企业生存、发展的重要支撑,营运资金管理直接体现着财务管理价值。而这也正在引起各类施工企业的重视。否则,营运资金周转问题将严重影响企业的发展空间,甚至危及其生存地位。建筑业在经历了二十年高速发展之后,开始面临产能过剩与产业结构失衡的问题。"一带一路"倡议的实施,为建筑业开拓海外市场带来了巨大机遇,与此同时,对建筑业大小企业的项目管理水平与企业战略发展策略提出新的要求。

本研究以营运资金相关理论为基础,以具体的施工企业为例,深入研究了其营运资金管理中存在的问题,并形成如下结论:

(1)通过翔实性原始数据,深入分析了施工企业营运资金管理现状,并形成其潜在问题:营运资金管理效率不高;营运资金结构不够合理;营运资金运用效率不高;营运资金信息不够畅通。同时认为:营运资金管理制度尚不健全;企业资产结构比例不够均衡;经营活动渠道结构不够合理;营运资金信息系统构建缺失等原因,直接造成施工企业可能面临营运资金管理等方面的困境。

(2)经过理论分析及策略论证,笔者认为施工企业改进营运资金管理问题可以从营运资金管理政策制度的完善;资本结构的优化;营运资金管理渠道的完善及营运资金管理信息系统的建设等四个方面做起,以寻求其营运资金管理科学、发展之路。

(3)通过具体分析,第一,发现施工企业在流动负债使用上还存在一定空间,营运资金成本要比其他项目成本高一些,这种情况与应收账款信用融资使用效率低下相似，会增加资金成本；第二，营运资本在总资本中的比重，和整个行业进行对比，要比起平均数值低，资产流动性越高，盈利水平就越低，该企业营运资金流动性较高；第三，营运资金增长率要比所在行业平均值高。营运资金增长效率在 0 之上的话，就可以验证企业收入增长率在营运资金增长率之上，而营运资金的增长率的提升，说明企业销售量有所提升，企业的经营就更加稳定；第四，在净资产中，有 25% 属于营运资金，但是和所在行业平均值进行对比，该公司要偏低；第五，施工企业长期资金并不能够满足长期资产，企业需要面向外部进行长期借款的申请等途径满足长期资产需求，企业承受的财务压力较高；第六，施工企业拥有的短期内可变现的资产几乎为零，假如现金流量中断的时候，企业可能会出现债务危机；第九，长期负债要比营运资金高，因此企业无法通过营运资金进行长期债务的偿还，说明企业财务风险水平高。

参考文献

［1］ 傅达红. 新形势下企业强化营运资金管理的分析［J］. 财经界, 2016（7）: 27-28.

［2］ John C.Groth. The Operating Cycle: Risk Return and Opportunities［J］. Management Decision, 1992（12）: 3-11.

［3］ John Antanies. Recognizing the Effects of Uncertainty to Achieve Working Capital Efficiency［J］. PULP & PAPER, 2002（9）: 46-47.

［4］ Colina J. Working capital optimization［J］.Pulp and paper, 2002: （7）: 64-76.

［5］ Hofmann Erik, Kotzab Herbert. A supply chain-oriented approach of working capital management［J］. Journal of business logistics, 2010（2）: 305-330.

［6］ David Taylor. State of the Art of Working Capital Management［J］. Financial Management, 2011（10）: 12-13.

［7］ Megraw Hill. The Strategic Determinants of Working Capita: A Product-line Perspective［J］. Journal of Finanical Research, 2013（12）: 2-7.

［8］ Keith V. Smith. State of the Art of Working Capital Management［J］, Financial Management, 1993（2）: 67-76.

［9］ Hill Matthew D, Kelly G. Wayne, Highfield Michael J. Net operating working capital behavior: a first look［J］. Financial management, 2010（2）: 783-805.

［10］ Brandenburg Marcus, Seuring Stefan. A Model for Quantifying Impacts of S upply Chain Cost and Working Capital on the Company Value［J］. Lecture

Notes in Business Information Processing 2010（46）：107–117.

［11］Hofmann Erik，Kotzab Herbert. A supply chain-oriented approach of working capital management［J］.Journal of business logistics, 2010（2）：305–330.

［12］Sari Viskari, Timo Karri. A Model for Working Capital Management in the Inter-organisational context［J］. International Journal of Integrated Supply Management，2012（3）：61–79.

［13］Randy Myers，Hard times have inspired companies to wring lots of cash out of working capital. How much better can they get?［J］.CFO Magazine, 2012（6）：6–7.

［14］David M.Katz. The recession triggered a meltdown in working capital performance，but also inspired numerous efforts to improve. Will they last?［J］. CFO Magazine，2013（6）：13–15.

［15］David Walters，Geoff Lancaster. Implementing Value Strategy through the Value Chain［J］. Management Decision，2000（10）：38–39.

［16］Harris A. Working capital management： difficult, but rewarding［J］. Financial Executive，2002（4）：52–53.

［17］Howorth C，Westhead P. The focus of working capital management in UK small firms［J］. Management Accounting Research，2003（2）：94–111.

［18］Ioannis L, Dimitrios T. The relationship between working capital management and profitability of Listed Companies in Athens Stock Exchange［J］. University of Macedonia，Department of Accounting and Finance，2006（19）：12–14.

［20］Dong H P，Su J. The relationship between working capital management and profitability： Vietnam case ［J］. International Research Journal of Finance and Economics，2010 49（49）：62–71.

［21］毛付根.论营运资金管理的基本原理［J］.会计研究，1995（1）：12–15.

［22］杨雄胜，缪艳娟，刘彩霞.改进周转率指标的现实思考［J］.会计研究，2000（4）：47–51.

［23］王竹泉.跨地区营销企业如何进行商流规划［J］.经济管理，2001（11）：

44-47.

[24] 王竹泉.分销环节控制：跨区分销企业营运资金管理的重心[J].会计研究，2005（6）：28-33.

[25] 王竹泉，孙建强.国内外营运资金管理研究的回顾与展望[J].会计研究，2007（2）：66-68.

[26] 刘宁.对企业营运资金管理模式的探究[J].经营管理，2011（5）：171-172.

[27] 廉菲，刘亚楠.基于环节的营运资金绩效评价体系[J].新会计，2011（1）：18-21.

[28] 袁卫秋.营运资本表征变量对公司绩效影响的定量分析[J].现代财经，2012（3）：95-108.

[29] 席龙胜.利益相关者管理与营运资金管理：共生互动[J].商业会计，2013（9）：6-9.

[30] 曹玉珊.全渠道视角下的营运资金管理新论[J].会计之友，2013（21）：13-14.

[31] 王帧.基于价值链视角的企业营运资金管理浅析[J].经营管理者，2013（4）：23-24.

[32] 徐玮.供应链营运资金管理的评价指标体系研究[J].统计与信息论坛，2013（5）：34-35.

[33] 李峰.结合渠道理念与供应链理论创新营运资金管理方法[J].财会月刊，2013（6）：21-24.

[34] 杨丹.上市公司营运资金管理问题探讨[D].江西：江西财经大学学，2013.

[35] 施雪瑞.价值链导向的企业营运资金管理[J].合作经济与科技，2013（12）：21-22.

[36] 崔志强.试论施工企业工程项目财务管理能力的提升[J].会计之友，2014（30）：34-36.

[37] 袁艳.对建筑企业财务管理问题的分析[J].民营科技，2014（4）：

26-28.

[38] 李晓艳.工程建筑企业营运资金管理效率与公司经营绩效研究［J］.经管管理者，2014（6）：7-8.

[39] 刘彦军.建筑施工企业资金管理存在的问题及对策探讨［J］.当代经济，2014（19）：62-63.

[40] 陈业勇.施工企业财务管理中存在的问题及对策［J］.企业改革与管理，2014（5）：92-92.

[41] 尹银飞.浅析资金管理系统在建筑施工企业的应用[J].信息技术与信息化，2014（2）：45-46.

[42] 贾小倩.建筑企业资金活动风险管理控制浅析［J］.管理观察，2014（35）：94-95.

[43] 宫丽娜.LY公司资金管理研究［D］.大连：大连理工大学，2014（13）：12-16.

[44] 丁许娟.基于渠道模式的C公司营运资金管理研究［D］.新疆新疆财经大学，2014.

[45] 滕晨.价值链视角下的企业营运资金管理［D］.青岛：青岛理工大学，2014.

[46] 陈朝晖.企业经营活动营运资金渠道管理研究［J］.财会通讯，2015（5）：21-23.

[47] 朱大鹏.基于利益相关者视角的企业营运资金管理策略研究[J].财会通讯，2015（8）：12-13.

[48] 叶黎香.建筑施工企业资金运行管理存在的问题及对策初探［J］.中国总会计师，2015（11）：30-31.

[49] 路思.N城建公司营运资金管理研究［D］.陕西：陕西师范大学，2015.

[50] 丁宁.四川长虹公司营运资金管理绩效问题研究［D］.辽宁：辽宁大学，2015.

[51] 王国鹏.浅谈建筑工程施工企业资金管理［J］.四川建材，2015（2）：265-266.

[52] 吴国艳.营运资金管理—基于产业链关系的视角［J］.金融经济，2015（9）：85-87.

[53] 冯迎卷.陕西 HJ 公司营运资金管理方案设计［D］.陕西：西北大学，2015.

[54] 吴楠.基于渠道管理的饲料加工企业营运资金管理研究［D］.苏州：苏州大学，2015.

[55] 温英盈.营运资本管理对企业绩效的影响研究［J］.经管研究，2016（2）：23-24.

[56] 刘喆.家电连锁零售企业价值链营运资金管理研究［J］.财会通讯，2015（6）：34-35.

[57] 李姣姣.对我国建筑企业营运资金问题的探讨［J］.工程经济，2016（1）：27-28.

[58] Richards，Verlyn D.Laughlin，Eugene J.A Cash Conversion Cycle Approach to Liquidity Analysis［J］.Financial Management，1980（9）：2-38.

[59] Gentry，J. A.，Vaidyanathan，R.，& Lee，H. W. A weighted cash conversion cycle. Financial Management，1990（5）：90-99.

[60] Hofmann，E.，& Kotzab，H. A Supply Chain - Oriented Approach of Working Capital Management.Journal of Business Logistics，2010，31（2）：305-330.

[61] Kenneth P. Nunn.The Strategic Determinants of Working Capital：A Product-line Perspective. Journal of Financial Research，1981，4（3）：207-219.

[62] Hofmann Erik，Kotazb Herbert. A supply chain-oriented approach of working capital management［J］.Journal of business logistics，2010，31（2）：305-330.

[63] Andrew Agapitos，Roger Flanagan，George Norman and David Nortan.the changing roleof builders merchants in the construction supply chain［J］.Construction Managementand Economics，1998（16）：351-361.

[64] Stolven.State of the Art of Working Capital Management［J］.Harvard Business Review，2001.

[65] Rohit Bhatnagar, Amrik S.Sohal.Supply Chain Competitiveness: Measuring the Impact ofLocation Factors, Uncertainty and Manufacturing practices [J]. Technovatio, 2013 (25): 443-456.

[66] Brandenburg Marcus, Seuring Stefan.A Model for Quantifying Impacts of Supply Chain Costand Working Capital on the Company Value [J].Lecture Notes in Business InformationProcessing, 2010 (46): 107-117.

[67] 陈国权.供应链管理[J].中国软科学, 1999 (10): 101-104.

[68] 王竹泉, 马广林.分销渠道控制: 跨区分销企业营运资金管理的重心[J].会计研究, 2005 (6): 28-33+95.

[69] 李心合.嵌入供应链的营运资金管理[J].会计之友, 2012 (34): 21-23.

[70] 曹玉珊."全渠道"视角下的营运资金管理新论[J].会计之友, 2015 (21): 2-7.

[71] 张淑云, 俞雪华.基于价值链的集团公司资金管理模式探讨[J].商业会计, 2006 (16): 13-14.

[72] 宫丽静.营运资金管理绩效影响因素的实证研究[D].中国海洋大学, 2008.

[73] 王竹泉, 逄咏梅, 孙建强.国内外营运资金管理研究的回顾与展望[J].会计研究, 2007 (02): 85-90+92.

[74] 王竹泉, 张先敏.基于渠道管理的营运资金管理绩效评价体系设计[J].财会月刊, 2012 (13): 11-13.

[75] 秦书亚, 李小娜.面向供应链的营运资金管理策略——以戴尔和联想为例[J].财务与会计(理财版), 2011 (05): 18-20.

[76] 彭家钧, 王竹泉.海尔集团营运资金管理体系的构建与运行[J].财务与会计, 2012 (03): 36-38.

[77] 张婉君.营运资金管理绩效评价体系设计[J].财会月刊, 2010 (05): 74-75.

[78] 王苑琢.王竹泉供应商关系视角的资金管理策略[J].财务与会计, 2014,

（3）：12-14.

[79] 郭芷青. 基于供应链视角的施工企业营运资金管理研究［D］.北京交通大学，2016.

[80] 陆艳.全渠道下纺织业营运资金管理效率研究[J].中国集体经济,2017(32）:105-107.

[81] 宋丽平，徐玮.O2O 模式下制造业闭环式营运资金管理绩效评价［J］.财务与会计，2017（12）：77-79.

[82] 孙兰兰，王竹泉.供应链关系、产权性质与营运资金融资结构动态调整——基于不同行业景气度的分析［J］.当代财经，2017（05）：115-125.

[83] 杨明磊.基于渠道理论的庞大集团营运资金管理研究［D］.沈阳工业大学，2019.

[84] 孙莹.营运资金概念重构与管理创新［D］.中国海洋大学，2011.

[85] 马士华.论核心企业对供应链战略伙伴关系形成的影响［J］.工业工程与管理，2000（01）：24-27.

[86] 刘贵富.产业链与供应链、产业集群的区别与联系［J］.学术交流，2010（12）：78-80.

[87] 陈良华，李文.供应链管理的演进与研究框架的解析[J].东南大学学报(哲学社会科学版），2004（01）：26-29+123.

[88] 高爱颖，刘凯.采购商伙伴关系类型及演进过程研究［J］.物流技术，2008（11）：36-38+56.

[89] 金敏求.对建筑业作为国民经济支柱产业的探讨[J].管理世界,1986(04):111-119.

[90] 沙凯逊.诠释建筑业［J］.建筑经济，2003（09）：3-6.

[91] 陈奕锟.我国建筑供应链管理优化研究［D］.广西科技大学，2013.

[92] 吴丽敏.建筑供应链下 EPC 项目材料采购成本控制研究［J］.河南建材，2019（02）：125-127.

[93] 王竹泉.重新认识营业活动和营运资金［J］.财务与会计（理财版），2013（04）：1.

［94］吴涛．刍议银行应收账款供应链融资业务［J］．商，2012（17）：109．

［95］赵秀琴，杨晓东，考志勇．工程项目竣工决算滞后的原因及应对措施［J］．工程建设与设计，2018（08）：239-240．

［96］黄燕芬，张志开，张超．"稳"字当先加快推进房地产健康发展长效机制建设——2018年房地产政策回顾与2019展望［J］．价格理论与实践，2018（12）：40-46．

［97］盛宝柱，陈楠．新常态下发展建筑工业化的思考［J］．唐山学院学报，2015，28（04）：34-36．

［98］周俏，刘伊生，于晓晨．京津冀建筑市场协同发展背景下建筑企业业务承揽研究［J］．工程管理学报，2017，31（05）：13-18．

［99］张艳霞．施工企业应收账款形成的原因及应对策略［J］．商业经济，2012（22）：46-48．

［100］廖雅双．建筑业人工成本上涨趋势及应对策略研究［D］．北京交通大学，2016．

［101］蒋鸥．建筑施工企业营运资金风险及防范措施［J］．科技展望，2014（8）：21-23．

［102］张永江．建筑施工企业资金管理存在的问题及对策研究［J］．财会学习，2015（5）：28-29．

［103］刘秀丽．新形势下房地产企业资金管理与成本控制研究［J］．现代商业，2012（3）：15-16．

［104］徐修华．施工企业营运资金的管理［J］．中华建设，2015（8）：32-33．

［105］梁金龙．混凝土企业营运资金管理分析［J］．科技经济导刊，2015（6）：36-37．

［106］候升平．后危机时代房地产企业营运资金管理研究［J］．中华女子学院山东分院学报，2015（6）：26-27．

［107］杜媛．采购渠道营运资金的制度影响框架构建［J］．商业会计，2013（1）：31-32．

［108］马伊．论营运资金管理的基本原理［J］．辽宁建材，2015（6）：44-45．

［109］宫丽静.营运资金管理绩效影响因的实证分析［D］.青岛，中国海洋大学，2008.

［110］汪丽.上市建筑企业营运资金管理对企业价值的影响机理研究–基于竞争战略视角［D］.重庆大学，2014（10）.

［111］李慧.建筑业营运资金管理与公司绩效的实证研究［D］.天津财经大学，2012（5）.

［112］骆梦.A施工企业营运资金管理问题研究［D］.河北大学，2014（6）.

［113］冯迎卷.山西HJ公司营运资金管理方案设计［D］.2014（10）.

［114］时甜甜.基于供应链理论的企业营运资金管理研究–以Y公司为例［D］.2014（5）.

［115］郭亚琪.ZH公司营运资金管理问题研究［D］.河南大学，2014（5）.

［116］刘婷.基于业务流程管理的房地产开放企业营运资金管理研究［D］.重庆大学，2014（4）

［117］卢变勤.公路工程计量管理问题与措施探讨［J］.科技视界，2017（06）：247+260.

［118］陈晓曼，范德清，林毅.房地产资产证券化应用模式探究［J］.财会通讯，2018（05）：23-27.

［119］郑霖，马士华.供应链是价值链的一种表现形式［J］.价值工程，2002（01）：9-12.

［120］冯雪瑜.建筑企业营运资金风险及对策.现代商业［J］.2014，（2）：21-22.

［121］岳鑫.中小民营建筑企业营运资金管理［J］.企业研究.2012，（3）：38-39.

［122］王小棋.浅谈房地产行业营运资金管理［J］.财会月刊.2011，（11）：32-34.

［123］敬海峰.浅析施工企业资金营运内部控制的管理［J］.中国外资，2011（8）：20-23.

［124］林振际.加强施工企业营运资金管理的思考［J］.交通财会，2016（2）：

14-15.

［125］黄燕.企业营运资金的管理策略分析［J］.中国商贸，2012（2）：32-35.

［126］王建廷.关于我国企业营运资金管理的探讨［J］.企业导报，2011（9）：24-25.

［127］杨博，张仁健.浅议中国企业如何成功建设内部控制体系［J］.会计之友，2010，（01）：46-48.

［128］张先治.戴文涛.中国企业内部控制评价系统研究［J］.审计研究，2011，（1）：69-78.

［129］黄碧.新常态下企业资金管理与内部控制［J］.中国国际财经（中英文），2017.

［130］董海英.浅谈建筑施工企业如何加强资金管理［J］.中国国际财经（中英文），2016，（15）：29-30.

［131］赵丹.企业货币资金内部控制存在问题及对策浅析［J］.行政事业资产与财务，2014，（30）：96-98.

［132］李康.论内部控制与风险管理的关系［J］.会分之友，2013，（12）：112-113.

［133］杨映华.浅析工程项目建设过程中的内部控制关键［J］.沪天化科技，2011，01：63-70.

［134］曹杰.浅谈企业工程项目内部控制管理［J］.商业经济，2013，（09）：35-36.

［135］段周生.工程建设项目的内部控制问题研究——基于H项目的案例分析［J］.市场周刊（理论研究），2008，（06）：54-56.

［136］张慧虎.工程项目内部控制相关问题研究［J］.会计之友，2011，（32）：59-61.

［137］何宏.房地产企业项目合同的风险管理［J］,当代经济，2009，（14）：74-75.

［138］谢志华.内部控制，公司治理，风险管理关系与整合［J］.会计研究，

2007，（10）：37-45.

[139] 杨雄胜.内部控制理论研究新视野［J］.会计研究，2005，（07）：49-54.

[140] 张观，杨雄胜.内部控制理论研究的回顾与展望［J］.审计研究，2007，（01）：37-42.

[141] 卫建泽.内部控制在工程项目管理中的运用［J］.报，2013，S2：54.［34］刘思慧.L酒店内部控制研究［D］.中国财政科学研究院，2017，（05）.

[142] 白莹.浅谈企业货币资金内部控制存在的问题及相应对策［J］.现代经济信息，2016，（9）：205.

[143] 蒋书坤.货币资金内部控制的重要性［J］.中国集体经济，2015，（4）：51-52.

[144] 田卫鹏.建筑施工企业资金管理问题及策略探析［J］.财务审计，2016，（10）：147.

[145] 孙小斌.新常态下企业资金管理与内部控制策略［J］.中国商论，2017.